지구를 건강하게
탄소중립 7단어

지구를 건강하게
탄소중립 7단어

초판 1쇄 인쇄 ㅣ 2024년 7월 1일
초판 1쇄 발행 ㅣ 2024년 7월 5일

글 ㅣ 수성구청소년수련관 바람개비, 이신옥, 정종영
감수 ㅣ 탄소중립교육연구소
발행인 ㅣ 이웅현
펴낸곳 ㅣ 부카

편집·디자인 ㅣ 이주영
교 정 교 열 ㅣ 서이화, 이현혜
출 판 등 록 ㅣ 제25100-2016-12호
본   사 ㅣ 대구광역시 달서구 문화회관길 165 408호
　　　　　　　　전화 1577-1912, 053-423-1912
　　　　　　　　이메일 bookaa@hanmail.net
　　　　　　　　홈페이지 www.bookaa-n.com

ⓒ ISBN 979-11-93891-29-2

- 이 책은 대구출판산업지원센터의 '2024년 대구우수출판콘텐츠제작지원사업'에 선정되어 발행되었습니다.
- 이 책에 수록된 내용은 저작권법의 보호를 받는 저작물이므로 무단전재와 복제를 금합니다.
- 잘못 만들어진 책은 구입처에서 바꿔 드립니다.

NetZero GO! GO! GO!

지구를 건강하게 탄소중립 7단어

부카

프롤로그

2023년 4월 어느 날.
바람개비 친구들을 만났어요. '탄소중립'이라는 말을 듣자마자, 얼어버린 듯 꼼짝도 하지 않는 아이도 있었어요.

'초등학생들이 잘 할 수 있을까?'
잠시 이런 생각이 들었지만, 아이들의 활기찬 모습을 보자 다시 용기가 솟았어요.

매주 만나 탄소중립에 대해 같이 공부했어요. 글쓰기 숙제를 한 번도 빼먹지 않고 성실하게 내는 아이도 있었어요. 어려운 내용을 공부하다 보니 늦은 밤까지 책을 보다 밤 12시 넘어 숙제를 겨우 내는 아이도 있었죠. 미안하면서도 정말 대견하다는 생각을 한순간도 지울 수 없었어요.

시간이 흐를수록 아이들의 글이 나아졌고, 행동도 차츰 달라졌어요. 배운 것을 행동으로 실천했거든요.

부모님 대신 매일 분리배출을 하는 아이.
여름이지만 수업 시간에 에어컨을 끄자고 말하는 아이.
몇 정거장을 걸어 다녔다는 아이.

이런 얘기를 듣자, 아이들이 너무 자랑스러웠어요. 배운 것을 실천한다는 것이 누구에게나 쉬운 일은 아니잖아요.

꽃이 필 무렵 시작한 수업은 나뭇잎에 알록달록한 물이 들 무렵에 끝났어요. 쉽지 않은 과정이었지만, 결국 아이들이 해냈다는 사실이 감동으로 다가왔어요.

이 책에는 작은 비밀이 숨어 있어요.
바로, 그건 초등학생 독자를 위해,
초등학생이 직접 조사하고 경험한 자료를 바탕으로 만든 '탄소중립을 친절하게 안내하는 책'이거든요.
아이들이 쓴 글의 오류를 수정하거나, 전문적인 지식은 탄소중립교육연구소의 도움을 많이 받았어요. 하지만 우리 아이들의 땀과 노력이 깃든 소중한 결실이라는 사실은 누구도 부정할 수 없을 거예요.

오랜 시간 동안 열심히 해 준 우리 대구수성구청소년수련관 바람개비 친구들 너무 고생 많았어요. 자랑스러운 우리 친구들 이름을 한 명씩 불러줄게요.

김시은, 이민섭, 한이서, 박정현, 박한서, 김도원, 정규리, 배서연, 정이람, 김의현, 서영서 모두 고생했어. 최고야!

이 프로그램이 끝날 때까지 아낌없이 도와주신 대구수성구청소년수련관 성지은 팀장님, 홍진희 선생님, 박민주 선생님, 마지막까지 애써주신 탄소중립교육연구소 임직원분께 진심으로 감사 인사를 전합니다.

2024년 6월
이 신 옥

초등학생을 위한

지구를 건강하게
탄소중립 7단어

목차

 **프롤로그**   4

01 첫 번째 단어_ 지구온난화

이상기후가 뭘까요?	15
이상기후 현상은 왜 일어날까요?	16
지구온난화의 주범, 온실가스	18
지구온난화로 피해를 보는 나라	22
온실가스를 줄여 탄소중립을 달성하자!	25
탄소중립을 달성하기 위한 전 세계의 노력	27

02 두 번째 단어_ 플라스틱

플라스틱, 처음에는 친환경!	35
우리가 자주 사용하는 플라스틱	37
우리가 버린 플라스틱, 지구를 망가뜨린다!	43
우리 건강을 위협하는 미세플라스틱	45

03 세 번째 단어_ 숲

리기테다 소나무와 현사시 나무를 아세요?	55
우리나라의 산림	58
산에 나무를 심어야 할까?	61
목재로 에너지를 얻는 바이오매스 발전	65
숲이 점점 사라져요.	67
지구의 허파가 사라졌다!	70
고기가 숲을 사라지게 만들어요.	73
과자와 라면을 튀기는 팜유(Palm oil)	75
열대우림을 파괴하는 초콜릿	78
숲의 파괴를 막을 방법은 없을까요?	80

04 네 번째 단어_ 자동차

자동차에서 발생하는 온실가스, 어떻게 줄여야 하죠?	86
100년 전, 내연 기관 자동차보다 전기자동차가 훨씬 더 많았다!	88
전기자동차, 이번에는 오래 갈까?	91
깨끗한 자동차 – 저공해자동차	95
친환경자동차보다 더 중요한 것은 바로 에너지 절약	98

05 다섯 번째 단어_ 바다와 갯벌

착한 이산화탄소와 나쁜 이산화탄소를 부르는 이름	105
바다에서 누가 산소를 만들까?	107
고래와 고래밥	109
바다는 이산화탄소를 어떻게 흡수할까?	112
최고의 탄소흡수원 – 갯벌	114
갯벌 집중 탐구	120

06 여섯 번째 단어_ 에너지

우리나라에는 어떤 발전소가 가장 많을까?	133
아직도 화력발전소가 쌩쌩 돌아간다고?	138
원자력발전, 위험하지 않나요?	143
신·재생에너지는 미래에너지	146
에너지를 저장하라!	151
신·재생에너지가 더 필요허요!	154
에너지를 줄이면서 돈을 아끼는 방법	157

07 일곱 번째 단어_ 쓰레기

쓰레기, 잘 버리는 게 더 중요하다	164
음식물 쓰레기가 자원?	167
재활용품을 잘 버리면	169
전자제품과 대형폐기물 속에 금이 있다?	175
일반쓰레기에서 열과 전기를	178
건강한 지구를 만드는 비법, 탄소중립	182

지구를 건강하게
탄소중립 7단어

01

첫 번째 단어
지구온난화

첫 번째 단어
지구온난화

2023년 여름, 대구는 무척 뜨거웠어요. '대프리카'라서 그런 건 아니에요. 대구뿐 아니라 다른 도시, 다른 나라도 역사상 최고 기록을 깰 만큼 무척 뜨겁고 비도 많이 내렸거든요.

시베리아 여름 기온이 34℃를 기록했고, 미국 데스밸리 사막에는 홍수가 발생했어요. 하지만 이것은 2023년 기상 뉴스일 뿐, 내년, 내후년에도 역시 이런 뉴스가 나올 거예요. 지금 우리가 사는 지구에 이상기후가 발생했거든요.

이상기후가 뭘까요?

전 세계를 고통에 빠뜨리는 이상기후, 도대체 이상기후가 뭘까요? 혹시, 단어의 의미처럼 기후가 이상해진 거 아니냐고요? 맞아요. 이상기후는 '이상'과 '기후'가 합쳐진 말이에요.

'기후(climate)'란, 장기간(30년)에 걸친 날씨(weather)의 평균이나 변동의 특성을 말해요. 세계기상기구(WMO)에서 정한 평균값 산출 기간은 30년이에요. '이상'은 이상하다는 뜻이지만, 기상에서의 '이상'은 날씨가 1개월 이상에 걸쳐 평년보다 한쪽으로 치우쳐 있다는 의미예요.

다시 말해 이상기후란, 기온, 강수량 등의 기후요소가 평년값과 비교해 현저히 높거나 낮은 수치를 나타내는 극한 현상을 말해요. 이상기후 현상에는 가뭄, 집중호우, 극한기후(폭염, 열대야, 한파(이상저온)) 등이 있어요.

가뭄   홍수   폭염   한파

> 📢 **이상기후 현상**
> 11년 만의 일 최고 기온 39.6℃ (2018년 8월 1일, 서울)
> 역사상 최고 기온 41.0℃ (2018년 8월 1일, 홍천)
> 폭염일 40일 발생, 26일간 계속 (2018년 여름, 대구)
> 열대야일 26일, 최장 계속일 16일 (2018년)
> -32.6℃, 역사상 최저 기온 (1981년 1월 5일, 양평)
> 일 강수량 870.5㎜ (2002년 8월, 강릉, 태풍 루사)

이상기후 현상은 왜 일어날까요?

가뭄, 한파, 폭염, 집중호우 같은 이상기후는 왜 발생할까요? 여러 원인이 있겠지만, 많은 기상학자가 온실가스로 인한 지구온난화 때문에 이상기후가 발생했다고 주장해요. 온실가스 농도가 높아지면 온실효과가 증가하여 지표면의 평균 온도가 상승한다는 것을 알아냈거든요. 아래 그래프를 보더라도, 온실가스 증가량(파란 선)과 대기 온도 변화(빨간 선)가 매우 밀접하다는 것을 알 수 있어요.

　지구 대기 평균 기온은 산업혁명 이후 최근까지 약 1.1도가 상승했어요.
　지구 입장에서 1.1도는 상당히 빠른, 아니 엄청나게 빠른 변화 속도예요. 산업혁명 이전까지 가장 빨랐던 기후변화는 2만 년 전 빙하기에서 1

만 년 전 간빙기까지였고, 10,000년에 걸쳐 약 4도 상승했거든요. 최근 100년간 상승한 1.1도는 2만 년 전 가장 빨랐던 빙하기에서 간빙기까지보다 25배 빠른 속도예요. 하지만 최근, 이 속도가 더 빨라졌어요.

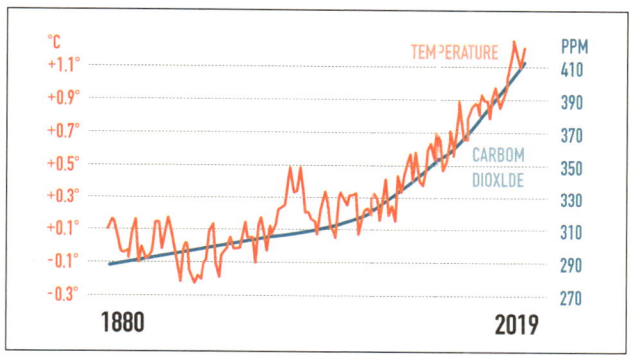

이산화탄소 증가와 대기 온도 변화

지구온난화를 막지 못하면 어떻게 될까요?

모두 예상하는 것처럼 인류와 지구상의 모든 생명체가 안전할 수 없어요.

2도 상승 : 그린란드 전체가 녹아 저지대가 바다에 잠김
3도 상승 : 아마존 숲이 사라짐
4도 상승 : 내륙 지방까지 물에 잠김
5도 상승 : 정글이 모두 불타고, 가뭄과 홍수로 인간의 거주가 힘들어짐
6도 상승 : 생물의 95% 멸종

지구온난화의 주범, 온실가스

지구온난화를 막고 이상기후로 고통받지 않으려면, 온실가스 발생을 줄여야 해요. 온실가스는 태양에너지가 대기 밖으로 나가는 것을 강제로 막아 지구 대기 온도를 높이거든요. 이것을 온실효과라 하죠.

수많은 과학자가 온실효과에 관해 연구하다가 지구가 견뎌낼 수 있는 대기권 내 이산화탄소의 양이 약 4,200억 톤이라는 것을 알아냈어요. 2021년 기준으로 이미 약 430억 톤을 배출하였고, 지금과 같은 속도로 배출하면 2030년에 포화상태인 4,200억 톤에 이른다고 예상했어요.

온실가스 중에서 이산화탄소 배출량이 가장 많아요. 자동차가 달릴 때, 에어컨을 돌릴 때, 우리가 좋아하는 아이스크림을 만들 때도 온실가스가 발생해요. 우리가 먹고, 쓰고, 사용하는 모든 것이 온실가스 발생과 관련 있어요. 대부분 화석연료를 사용해서 열, 전기 같은 에너지를 만들잖아요.

화석연료는 과거 지질시대에 땅에 묻힌 동식물의 유해가 오랜 세월에 걸쳐 변화된 물질이에요. 대표적으로 석탄, 석유, 천연가스 등이 있죠.

석탄은 산업혁명이 일어나면서 사용하기 시작했어요. 석탄을 태우면, 온실가스의 하나인 이산화탄소와 유해 물질이 발생해요. 이산화탄소 외에도 온실가스에는 여러 종류가 있어요. 대표적으로 6가지가 있죠.

이산화탄소 (CO_2)	메탄 (CH_4)	아산화질소 (N_2O)	수소불화탄소 (HFCs)	과불화탄소 (PFCs)	육불화황 (SF_6)
화석연료 연소	축산, 쌀농사	비료, 소각	냉매	반도체 공정	산업, 반도체

온실가스마다 지구온난화에 미치는 영향이 달라요. 이산화탄소는 한번 배출되면 대기에서 100년에서 300년 정도 머물러요. 다시 말해 한번 배출한 이산화탄소가 사라지는데 100년 이상 걸린다는 얘기예요. 게다가 온실가스마다 지구온난화에 영향을 미치는 정도가 달라요. 이것을 지구온난화지수(GWP)라고 말해요.

지구온난화지수란, 일정 기간(100년) 동안 이산화탄소(CO_2) 1kg 대비 다른 온실가스 1kg이 지구온난화에 미치는 영향을 비교한 수치예요. 메탄 1kg은 이산화탄소 25kg과 같은 지구온난화 효과를 발생시킨다는 뜻이에요.

온실가스	체류 시간(년)	지구온난화지수(GWP)
이산화탄소(CO_2)	100~300	1
메탄(CH_4)	12	25
아산화질소(N_2O)	114	298
육불화황(SF_6)	3,200	22,800
수소불화탄소(HFCs)	4.9~270	675~14,800
과불화탄소(PFCs)	10,000~50,000	7,390~12,200

NetZero GO! GO! GO! 온실가스의 종류

✅ 이산화탄소 CO_2

이산화탄소는 화석연료 연소로 배출되는 대표적 온실가스이다. 이산화탄소의 전 지구 평균 농도는 꾸준히 증가 추세에 있으며, 대기 중에 머무르는 시간이 100~300년으로 상당히 길다. 이산화탄소는 전체 온실효과의 64.3% 비중을 차지하며 화석 에너지 사용, 철광 및 시멘트 생산 등 인간 활동과 동·식물의 호흡 과정, 유기물의 부패, 화산활동 등의 자연 활동으로 대기 중에 배출된다. 반대로 식물의 광합성 작용과 해양 흡수로 배출된 양의 약 60%는 제거(흡수)되고 나머지 40%는 대기 중에 남아 농도가 증가한다.

✅ 메탄 CH_4

이산화탄소 다음으로 영향이 큰 온실가스 중 하나이다.
습지, 바다, 대지의 사용, 쌀농사, 발효, 축산, 화석연료 등 다양한 인위적·자연적 요소에서 발생한다. 메탄은 대기 중에 0.00018% 정도 존재한다. 아주 적은 양이지만, 전체 온실효과의 약 1/6가량 영향을

미친다. 적은 양에 비해 온난화에 미치는 영향이 매우 크다. 다른 온실가스에 비해 체류 시간이 12년으로 짧아 배출량을 줄이면 가장 빠른 효과를 볼 수 있다.

아산화질소 N₂O

이산화탄소보다 발생량이 적지만, 지구온난화지수(GWP)가 298로 상당히 큰 편이다. 다시 말해 아산화질소 1g이 이산화탄소 298g과 같은 온실효과를 발생시킨다는 뜻이다. 아산화질소는 해양, 토양 등에서 자연적으로 발생하며 화석연료, 생태 소각, 비료의 사용, 여러 산업공정 등에서 인간의 활동으로 배출된다. 자연적인 배출량과 인위적 배출량이 거의 비슷하다. 대기 중 체류 시간이 114년으로 상당히 길다. 아산화질소는 성층권으로 올라가 광분해되어 성층권 오존을 파괴하면서 소멸한다.

수소불화탄소 HFCs

수소불화탄소는 불소 및 수소 원자를 함유한 유기 화합물로 지구 오존층 파괴 원인 중 하나로 지목된 프레온가스(CFC, 염화불화탄소)의 대체 물질로 개발되었다.
수소불화탄소는 대기권 내에서의 수명이 짧고 염소를 포함하고 있지 않아 성층권에서의 오존 손실을 막을 수 있는 최선의 대체물로 여겨진 바 있다. 하지만 수소불화탄소가 이산화탄소보다 더욱 강력한 온실가스 효과를 일으키는 것으로 확인되면서 전 세계적으로 감축이 추진되었다. 냉장고나 에어컨의 냉매 등 주로 인공적으로 만들어 산업공정의 부산물로 쓰인다.

과불화탄소 PFCs

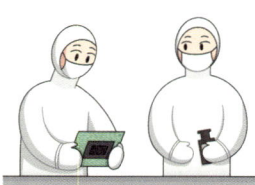

염화불화탄소(프레온)의 대체 물질로 개발하였다. 탄소(C)와 불소(F)의 화합물로 냉매, 소화기 및 폭발 방지물, 분무액, 솔벤트 용제, 발포제 등으로 쓰이는 가스이다.

> ✅ **육불화황 SF₆**
>
> 인공적인 온실효과를 유발하며 화학적, 열적으로 안정된 기체이다. 전기가 통하지 않는 특성이 있어 주로 전기의 절연체로 사용되며 마그네슘·알루미늄 산업, 반도체 산업 등에서 배출된다. 배출량이 적지만, 이산화탄소와 같은 양일 때 온실효과는 약 22,800배로 매우 높다. 대기 체류 시간이 약 3,200년으로 길며, 한번 대기로 배출되면 거의 선형으로 누적되어 빠르게 증가한다. 대부분 성층권이나 그 상층에서 짧은 파장의 자외선에 의해 파괴된다.

지구온난화로 피해를 보는 나라

지구온난화로 인해 많은 나라에서 피해가 발생했어요. 너무 많아 하나하나 알려드리기 힘들 만큼요. 피해가 큰 곳 몇 개만 간단히 살펴볼게요.

아프리카 대륙의 킬리만자로에 만년설이 있어요. 그런데 산을 덮고 있는 빙하가 지구온난화로 많이 사라졌어요. 만년설이 사라지면 어떤 피해가 발생할까요? 만년설이 녹기 시작할 때는 홍수와 눈사태가 일어나지만, 만년설이 더 사라지면 가뭄이 발생해요. 20세기 초반과 21세기 초반의 킬리만자로 모습을 살펴보세요. 너무 다르죠?

킬리만자로 만년설의 변화

방글라데시는 지구온난화로 큰 피해를 보았어요. 국토의 80%가 해안가, 범람원 등 저지대에 있어 매년 홍수로 피해를 보았어요. 특히, 벵골만 지역의 피해가 매우 심각해요.

히말라야산맥의 만년설이 녹아내리면서 강물의 양이 급격히 늘어났고, 지구온난화로 빙하가 녹으면서 바닷물 수위가 계속 올라가 바닷가 근처의 낮은 지역이 물에 잠겼어요. 매년 농사지을 땅이 1%씩 사라지고 있으며, 지금 남은 땅도 소금기가 올라와 농사짓기가 어려워졌어요.

해안 저지대가 바닷물에 잠기자 수많은 농경지가 새우 양식장으로 바뀌었어요. 양식장에서는 큰징거미새우, 씨타이거새우, 블랙타이거새우, 브라운새우 등을 많이 키워요. 양식으로 키운 새우는 모두 수출되죠.

우리나라로 수출하는 방글라데시 양식 새우

양식장은 농사짓는 것과 달리 일손이 많이 필요 없어요. 땅을 빌려 농사짓던 수많은 사람이 일자리를 잃고 도시로 떠나 빈민이 되었어요.

남의 나라 얘기 같지만, 산업혁명 이전보다 대기 평균 온도가 1.5도 더 올라가면 우리나라의 서해안 일부 지역도 물에 잠긴다고 해요.

게다가 1.5도 이상 올라가면 지구온난화 속도가 더 빨라진다고 하죠. 빙하와 만년설이 지금보다 더 빨리 녹거든요. 빙하와 만년설은 지구 대기 온도를 빨리 올라가지 못하게 막아주는 반사판 역할을 하고 있어요. 하얀색 빛깔을 띠는 빙하와 만년설은 태양열의 약 90%를 반사하거든요.

방글라데시 벵골만 지역

온실가스를 줄여 탄소중립을 달성하자!

지구온난화를 막는 유일한 방법은 온실가스 배출을 줄이는 거예요. 지금, 우리나라뿐만 아니라 전 세계는 온실가스를 줄이기 위해 온 힘을 다하고 있어요. 그래서 세계 많은 국가가 탄소중립을 달성하자고 외치며 약속했죠.

여러분도 '탄소중립'이라는 단어는 이미 많이 들었죠? 요즘 신문이나 방송에서도 많이 나오잖아요. 그런데 탄소중립이 뭘까요?

이렇게 물어보면 대부분 이렇게 대답할 거예요.

"재활용품 분리수거를 잘하는 거예요."

"대중교통을 이용하는 거예요."

"에너지 절약요."

틀린 건 아니지만, 이것은 '탄소중립'이 아닌 탄소중립을 달성하려는 방법의 하나일 뿐이에요.

탄소중립이란, 대기 중 이산화탄소 농도가 인간의 활동으로 더 증가하지 않도록 순 배출량을 '0'이 되도록 만드는 것이에요. 다시 말해, 이산화탄소 배출량을 줄이고, 이산화탄소 흡수량을 늘려 배출량과 흡수량이 같으면 순 배출량이 '0'이 되잖아요.

조금 어렵죠?

예를 들어볼게요. 발전소에서 화석연료로 전기를 생산하면 이산화탄소가 배출되잖아요. 이때 배출량을 100이라고 할게요. 반대로 나무가 광합성을 하면 이산화탄소를 흡수하잖아요. 나무가 많아 흡수량이 100이 되면, 배출량(100)-흡수량(100) = 0이 되잖아요.

이처럼 배출량과 흡수량의 균형을 맞춰 순배출량을 '0'으로 만드는 것이 바로 '탄소중립'이에요. 탄소중립은 다른 말로 '넷제로(Net-Zero)'라 불러요.

배출량 감소 방법	화석연료 연소, 수송, 생산 등 인간 활동에 의한 인위적 배출량을 줄인다.
흡수량 증가 방법	숲 복원, 해양생태계 복원, 블루카본 기술 및 목재(HWP) 사용 활성화, 탄소 제거 기술 활용 등을 통해 흡수량을 늘린다.

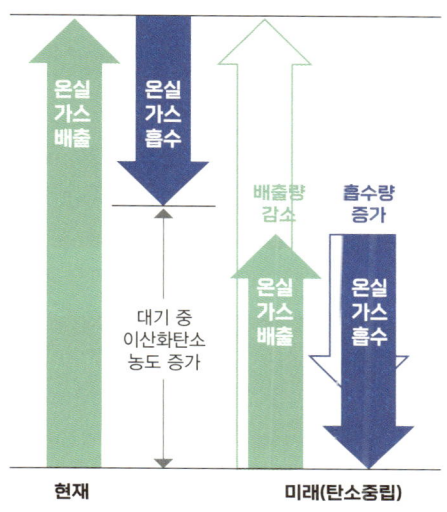

배출량(100) - 흡수량(100) = 순배출량(0)

탄소중립을 달성하기 위한 전 세계의 노력

온실가스 배출을 줄이면, 지구온난화를 막을 수 있다니 우리에게도 희망이 보이죠? 하지만 온실가스 배출을 줄이는 것은 쉽지 않아요.

우리나라에서 온실가스 발생을 줄여도, 다른 나라에서 배출해버리면 아무런 의미가 없잖아요.

우리가 사용하는 하늘은 하나로 이어져 있어요. 그래서 전 세계의 국가가 온실가스 배출을 줄이기 위해 모두 노력해야 하죠. 이런 노력은 1990년대 중반부터 시작했어요.

NetZero GO! GO! GO! 탄소 중립을 위한 전 세계의 노력

✅ 교토체제 의정서 (1997년 12월)

국제사회는 기후변화 문제에 대한 심각성을 인식하고 이를 해결하기 위해 1997년 12월 일본 교토에 모여 의정서를 채택했다. 여기 참여한 국가는 모두 온실가스 감축 목표를 정하고 이행하기로 약속했다. 하지만 개발도상국은 온실가스 감축 의무가 없다는 점, 계획 기간이 정해져 있어 지속적인 체제 유지가 불확실한 점, 선진국에만 감축의 의무를 규정하는 등의 이유로 일부 선진국이 교토체제 의정서를 탈퇴했다. 우리나라는 1998년 9월 25일에 가입했다.

✅ 파리협정 (2015년 12월)

파리협정에 선진국과 개발도상국 대부분이 참여했고, 산업화 이전 대비 지구 평균 온도 상승을 1.5℃를 넘지 않도록 약속했다.

파리협정에 참여한 모든 나라는 온실가스 감축 목표를 포함한 국가결정기여(NDC, Nationally Determined Contribution)를 스스로 정하고 투명성을 바탕으로 이행해야 한다. 모든 국가는 온실가스 배출 현황, 감축 정책 및 지원 현황 등 투명한 절차를 거쳐 국제사회에 보고해야 한다. 국제사회는 점검을 통해 온실가스 배출 현황, 적응, 이행과 재정지원, 당사국이 제출한 NDC의 효과가 파리협정 목표에 부합하고 있는지 지속해서 관리하고 점검한다.

이제 많은 나라가 탄소중립에 동참했어요. 대한민국은 2020년 탄소중립을 선언하고 탄소중립을 위한 법을 만들었어요. 이런 법이 있는 나라는 아직 많지 않아요.

 건강한 인류의 미래를 위해 더 많은 나라가 탄소중립을 위한 법을 만들고, 탄소중립을 위해 더 많이 노력했으면 좋겠어요.

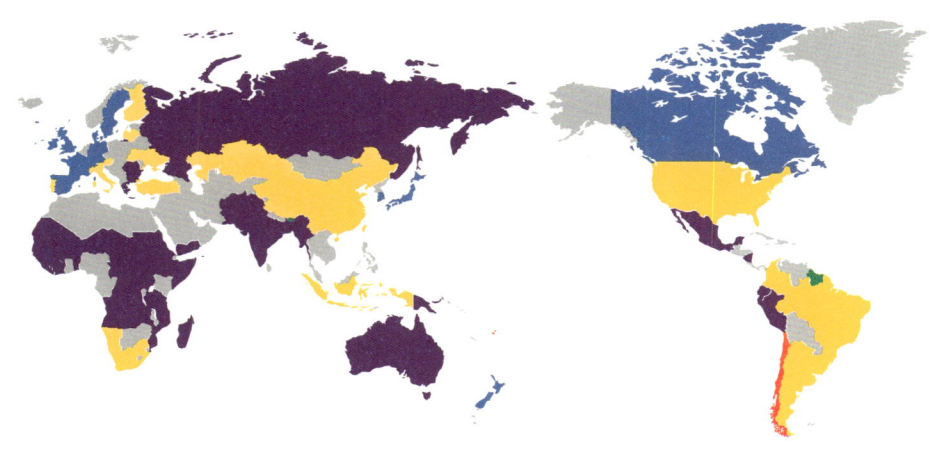

📢 2021년 10월 기준 전 세계 140여 개국 탄소중립 선언

- 🟢 탄소중립 달성 국가 : 2개국(부탄, 수리남)
- 🔵 탄소중립 법제화 국가 : 14개국(한국, 독일, 스웨덴, 유럽연합, 일본, 영국, 프랑스, 캐나다, 스페인, 덴마크, 뉴질랜드, 헝가리, 룩셈부르크, 아일랜드)
- 🔴 탄소중립 법제화 중인 국가 : 2개국(칠레, 피지)
- 🟡 탄소중립 정책화 국가 : 43개국(미국, 이탈리아, 브라질, 터키 등)
- 🟣 탄소중립 선언 국가 : 79개국(호주, 멕시코, 네덜란드 등)

경제 발전과 온실가스 배출은 비례한다.
온실가스 배출을 막기 위해
경제 발전을 포기해야 할까?

경제 성장의 중요성 경제 성장은 빈곤 감소, 의료 및 교육 서비스 개선, 기술 발전 등 사회 발전의 기반이다. 경제 발전을 포기하면 우리 모두의 삶이 더 힘들어진다.

녹색 성장 가능성 녹색 경제, 친환경 산업 등 새로운 성장 동력을 발굴하여 경제 발전과 환경 보호를 동시에 이룰 수 있다. 녹색 성장 전략을 통해 새로운 일자리 창출과 경제 활성화를 기대할 수 있다.

삶의 질 향상 경제 발전은 국민 삶의 질적 향상에 도움을 준다. 경제적 여건 개선은 건강, 교육, 문화 등 다양한 분야의 발전을 도와준다. 오늘 당장 밥을 굶어야 하는데, 미래에 쾌적한 환경은 아무 의미가 없다.

기후변화 위협 심각성 급격한 온실가스 배출은 기후변화를 일으켜 극심한 기상 재해, 생물 다양성 감소, 식량 부족 등 심각한 문제를 발생시켰다. 경제적 손실보다 생존권 보호가 더 중요하다.

지속 불가능성 무분별한 경제 개발은 자원 고갈, 환경 파괴를 일으켜 장기적으로 경제 활동 자체를 어렵게 만든다. 지속 가능한 발전을 위해서는 환경 파괴를 중단하고 경제 성장을 멈춰야 한다.

불평등 심화 경제 발전 과정에서 발생하는 환경 오염은 가난한 사람들에게 더 큰 피해를 줬다. 온실가스 감축은 사회적 불평등 해결에 도움을 줄 수 있다.

지구를 건강하게
탄소중립 7단어

02

두 번째 단어
플라스틱

두 번째 단어
플라스틱

주변을 둘러보면 플라스틱이 너무 많아요. 게다가 재활용분리수거장에 가보면 다양한 플라스틱 쓰레기가 넘칠 듯 가득 차 있어요. 플라스틱은 비닐봉지, 일회용 컵, 포장 용기에서부터 건축, 자동차, 전자제품까지 쓰이지 않는 곳이 없어요. 많은 사람이 노플라스틱(No Plastic)을 외치지만 플라스틱은 좀처럼 사라지지 않아요. 참 이상하죠?

플라스틱, 처음에는 친환경!

지금 우리가 많이 사용하는 플라스틱은 1907년 레오 베이클랜드(Leo Baekeland)가 미국에서 발명했어요. 이 발명품을 베이클라이트(bakelite)라는 이름으로 불렀어요.

베이클라이트 단추 | 1924년 9월 22일자 타임지 표지 | 베이클라이트 라디오

레오 베이클랜드와 베이클라이트

신이 내려준 선물 베이클라이트

20세기 초, 많은 사람이 플라스틱을 신이 내려준 선물이라 생각했어요. 플라스틱은 가볍고 단단하며 변형이 쉬워 어떤 물건이든 만들 수 있었거든요.

또 한 가지 중요한 사실은 당구공, 피아노 건반, 체스 말, 공예품 등을 코끼리 상아로 만들었어요. 하지만 베이클랜드가 플라스틱을 발명한 뒤, 코끼리 상아 대신 플라스틱을 사용했어요. 플라스틱 덕분에 수많은 코끼리를 살릴 수 있었어요. 이러니 당시에는 플라스틱이 친환경으로 대접받을 수밖에요.

처음에는 잘 몰랐지만 플라스틱을 사용하면서 단점이 하나둘씩 드러나기 시작했어요. 플라스틱은 오랫동안 썩지 않고, 환경을 파괴한다는 사실과 플라스틱을 만들고 태울 때 다량의 온실가스와 다양한 유해 물질이 발생한다는 점이에요.

우리가 자주 사용하는 플라스틱

이 그림을 많이 봤을 거예요. 플라스틱 제품 포장지에 이런 표시가 있거든요.

국제 표준 마크	1 PETE	1 HDPE	3 PVC	4 LDPE	5 PP	6 PS	6 OTHER
국내 표기 마크	페트병	플라스틱 HDPE	플라스틱 PVC	플라스틱 LDPE	플라스틱 PP	플라스틱 PS	플라스틱 OTHER
재활용 가능여부	재활용 가능	재활용 가능	재활용 불가능	재활용 가능	재활용 가능	재활용 가능	변동

플라스틱 재질별 분리배출 표시(위: ISO / 아래: 국내)

우리는 지금 지구온난화를 많이 걱정해요.

지구온난화의 주요 원인은 온실가스 배출이에요. 그런데 우리가 많이 사용하는 플라스틱은 석유를 주원료로 사용해서 만들어요. 또한 태울 때도 다량의 온실가스가 발생하죠.

	PET	HDPE	PVC	LDPE	PP	PS
제조 시 온실가스 배출량	2.21	1.52	1.93	1.8	1.54	2.5
소각 시 온실가스 배출량	2.04	2.79	1.25	2.79	2.79	3.01

플라스틱에서 발생하는 온실가스 배출량 / 미국 환경보호청(EPA WARM) (2020년)

플라스틱을 버릴 때는 종류에 따라 분리 배출하는 것이 지금으로서는 가장 나은 방법이에요. 이렇게라도 해야 조금이라도 더 재활용할 수 있거든요.

분리 배출하지 못한 플라스틱 쓰레기는 어떻게 될까요? 아마도 땅속에 묻히거나, 불로 태우거나, 바다로 흘러갈 거예요.

플라스틱 폐기물은 종류에 따라 재활용하는 방법이 다르기 때문에 제품에 표시된 '플라스틱 재질별 분리 배출 표시 마크'로 구분해요. 일반적으로 플라스틱 폐기물은 7가지로 구분하죠. 국제표준화기구(ISO)에 따라 숫자로 표기하는 경우가 있고, 국내 생산 및 유통만 되는 제품은 한글로 표기가 되어 있어요. 이 표시를 잘 보면, 누구나 어렵지 않게 플라스틱 쓰레기를 분리해서 버릴 수 있을 거예요.

① PET(Polyethylene Terephthalate)

용도	페트(PET)는 생수병, 음료수병의 소재로 많이 사용한다.
장점	투명도가 우수하고 열에 강하며 내구성이 좋은 편이다. 플라스틱 중에서는 안전하다고 알려져 있다.
단점	고온에서 보관할 경우, 안티몬 같은 발암물질이 발생할 수 있다. 페트병은 원래 일회용으로 만들어졌기 때문에 재사용하여 오래 사용하면 세척이 어렵다. 또한 박테리아 같은 세균이 번식할 수 있어 위생에 좋지 않고, 호르몬 불균형을 유발하는 화학성분이 나올 수 있어 재사용하는 것은 바람직하지 않다.

② HDPE(High Density Polyethylene)

용도	고밀도폴리에틸렌(HDPE)은 샴푸 통, 세제 용기, 영유아용 장난감, 젖병, 주방용기 등의 소재로 많이 사용한다. 페트(PET)보다 조금 딱딱한 소재이다.
장점	튼튼하며 전자레인지에 사용할 수 있다. 사용할 때 배출되는 유해 화학성분이 없으며 인체에 해롭지 않다.
단점	저밀도폴리에틸렌(LDPE)과 다른 플라스틱보다 가격이 높은 편이다. HDPE가 도포된 종이컵(우리나라는 주로 LDPE)에 85~90℃ 물을 부어 15분간 두었더니, HDPE가 녹아 다량의 미세플라스틱이 발생하였다.

③ PVC(Polyvinyl Chloride)

용도	폴리염화비닐(PVC)은 식품 포장, 공업용 비닐 랩, 인테리어용품(장판, 벽지 등), 완구, 학용품(지우개), 파이프, 샤워 커튼, 슬리퍼 등 다양한 제품의 원료로 사용한다.
장점	가격이 싸고, 재질이 부드러워 원하는 모양을 쉽게 만들 수 있다.
단점	빛을 받으면 호르몬에 악영향을 주는 독성 화학 물질이 발생한다. 발암물질 프탈레이트가 발생하여 음식물 보관용으로 사용할 수 없다. 열에 약하므로 사용에 주의가 필요하다. 납, 카드뮴 등의 중금속이 들어 있어 인체에 나쁜 영향을 미친다. ※ 프탈레이트(DEHP)는 플라스틱을 부드럽게 만드는 물질이며 DNA를 파괴, 기형아 출산 및 유산, 생식기 발달을 억제한다. 또한 주의력결핍과잉행동장애(ADHD)를 유발하며 두뇌 발달에 악영향을 미친다는 연구 결과도 있다. ※ 투명 다이어리 커버, 어린이용 소음방지 매트, 지우개처럼 주로 부드러운 플라스틱 생활용품에 사용되는 PVC 제품을 구매할 때 Non-프탈레이트 계열 가소제로 가공한 친환경 PVC인지를 꼭 확인할 필요가 있다.

④ LDPE(Low Density Polyethylene)

용도	저밀도폴리에틸렌(LDPE)은 주스 병, 우유병, 일부 식용품 용기, 비닐봉지, 위생 비닐장갑 등을 만들며 종이컵 안쪽을 코팅할 때 사용한다.
장점	신축성이 좋고 유해 물질이 배출되지 않는다.
단점	재활용이 어렵고 단단하지 않다.

⑤ PP(Polypropylene)

용도	폴리프로필렌(PP)은 우윳빛 반투명한 밀폐용기, 주방용기, 식품 보관 포장 상자, 식품 용기, 컵, 텀블러, 반찬통 등을 만든다.
장점	유해 물질과 환경호르몬이 검출되지 않았다. 가볍고, 질기며, 높은 온도에서 잘 견디며 잘 녹지 않는다. 변형이 자유롭고, 끓는 물에 소독할 수 있다.
단점	폴리스티렌(PS)과 같은 다른 플라스틱보다 가격이 높다.

⑥ PS(Polystyrene)

용도	폴리스티렌(PS)은 스티로폼 제품, 컵라면 용기, 장난감, 기타 포장재 등을 만든다.
장점	가볍고 매우 저렴한 편으로 가공성이 우수하며 투명하고 단단하다.
단점	발암물질이 배출되어 신경·유전 독성을 유발한다. 발암물질로 판정된 환경호르몬인 비스페놀A와 스티렌다이머 등이 발생하기 때문에 사용 규제를 받는다. 뜨거운 음료를 포장할 때 많이 사용하는 뚜껑 중 PS로 만든 제품이 많다. PP가 아닌 PS 재질의 뚜껑이라면 높은 온도의 음료를 먹을 때는 입을 대지 않고 먹는 것이 좋다.

⑦ OTHER : 이외의 모든 플라스틱류(PC, ABS 등)

플라스틱 및 비닐류 표시 재질에 표기되지 아니한 단일 재질 및 2가지 이상의 플라스틱 재질로 이루어진 복합재질이거나 플라스틱에 다른 재질이 부착된 제품에 표시한다.

✅ PC(Polycarbonate)

폴리카보네이트(PC)는 투명한 소재이며, 환경호르몬인 비스페놀A가 나오고, 유방암을 유발하는 발암물질이 발생한다.

> ※ 비스페놀A : 비스페놀A는 폴리카보네이트, 에폭시 수지를 만들 때 사용하는 원료이다. 제품에서 서서히 분비되며 뜨거운 물이나 기름에 닿았을 때 쉽게 녹아 나온다. 용기가 오래되거나 색이 바랜, 혹은 금이 갔을 때 더 쉽게 배출된다. 비스페놀A는 대표적인 내분비계 교란 물질이며 동물실험 연구 결과 정자 수 감소, 호르몬 변화, 전립선 확장, 유방암, 전립선암 등의 생식기능 이상 등이 발생한다. 임신기와 유아기에 비스페놀A에 노출되면 돌연변이 유발 및 아이의 체중과 인지능력이 떨어진다.

✅ PCT(Polycyclohexylenedimethylene Terephthalate)

트라이탄(PCT)은 투명한 친환경 신소재 재질로 환경호르몬 의심 물질인 비스페놀A가 검출되지 않는다. 충격에 강해 흠집이 잘 나지 않고, 열에도 쉽게 변형되지 않아(내열 온도 108~116℃) 열탕 소독과 전자레인지 사용이 가능하다. 물통, 텀블러, 반찬통을 만들 때 사용한다.

✅ SAN(Styrene-Acrylonitrile)

스티렌-아크릴로 니트릴(SAN)은 아크릴로 니트릴-스티렌으로도 알려져 있다. SAN은 스티렌 및 아크릴로 니트릴의 공중 합체이다. 우수한 물리적 및 화학적 특성으로 인해 다양한 응용 분야에 사용되는 SAN은 투명성과 광택성이 우수하고 내충격성, 내화학성 등이 뛰어나다. SAN은 강도와 강성의 균형이 우수하며 고온 응용 분야에 사용할 수 있고, 오일 및 화학 물질에 대한 탁월한 저항으로 자동차 및 산업 응용 분야에 많이 사용한다.

✅ TPO(Thermoplastic Olefin)

서모 플라스틱 올레핀(TPO)은 열가소성 올레핀 복합체로서, 자동차 산업에서 주로 사용되는 고급 엔지니어링 플라스틱이다. TPO는 폴리프로필렌(PP)과 고무 탄성체인 에틸렌-프로필렌 다이머(TPE)의 혼합물로 구성되어 있다. TPO는 가볍고, 비용이 저렴하며, 내구성이 우수하다. 또한 잘 썩지 않으며, 기름을 흡수하지 않고, 낮은 온도에서 부드럽기 때문에 자동차 산업에서 많이 사용한다. 자동차의 범퍼, 사이드 클래딩, 도어 패널, 플렌더(Flender) 등의 주요 재료이다.

우리가 버린 플라스틱, 지구를 망가뜨린다!

우리는 플라스틱 쓰레기 재활용 분리수거를 열심히 하지만, 바다로 흘러간 플라스틱 쓰레기도 엄청나게 많아요. 태평양에 대한민국보다 더 큰 플라스틱 섬이 있다는 얘기를 들어봤나요?

태평양 쓰레기 섬

하나도 아니고 무려 5개나 있다니 깜짝 놀랐어요. 게다가 크기는 대한민국 16배인 160만 km² 정도라고 해요.

1997년, 플라스틱 섬을 처음 발견했어요. 플라스틱 섬의 쓰레기를 살펴보면, 한글이 적힌 플라스틱 쓰레기도 제법 많았어요. 우리나라뿐 아니라 전 세계에서 사용하고 버린 플라스틱 쓰레기가 바다로 흘러가 한곳에 모인 거예요. 플라스틱 쓰레기는 1950년대부터 바다로 흘러갔고, 10년마다 10배씩 증가하였어요.

바다에 플라스틱이 떠다니면 사람과 해양 동물에게 피해를 줘요. 플라스틱은 썩지 않기 때문에 시간이 지나면서 파도에 부딪혀 조금씩 깨져요. 해양생물이 플라스틱 조각을 먹으면 몸에 상처가 생기고 죽을 수도 있어요.

죽은 알바트로스를 표현한 사진 작품 / 고래 뱃속에서 나온 플라스틱 쓰레기

죽은 새를 찍은 사진 같지만, 플라스틱을 먹고 죽은 알바트로스를 표현한 사진 작품이에요. 새 부리와 머리, 알록달록한 플라스틱 조각과 수많은 병뚜껑을 깃털로 덮은 형태로 알바트로스의 죽음을 표현했어요. 알바트로스는 반짝반짝 빛나고 신기한 물건을 좋아해서 플라스틱 쓰레기를 물어와 둥지를 짓기도 해요.

고래는 플라스틱과 비닐봉지를 왜 먹었을까요? 고래는 많은 플랑크톤을 먹기 위해 크게 입을 벌려요. 이때 바다에 떠다니는 비닐과 플라스틱 쓰레기가 동시에 들어온 거예요. 많은 양의 플라스틱 쓰레기는 거대한 고래도 죽게 만들어요.

2008년 사체로 발견된 향유고래의 배 속에는 각종 플라스틱 잔해 22kg가 들어 있었어요. 쓰레기봉투, 플라스틱 접시, 어망 등 다양한 플라스틱 쓰레기가 나왔죠.

고래뿐 아니라 다른 물고기에게도 플라스틱은 매우 위험해요. 바다 생물에게 비닐봉지가 떠다니는 모습은 마치 오징어나 해파리가 움직이는 것처럼 보이거든요. 바다 생물은 이것을 먹이로 착각하고 삼키면 위장에 쌓여 포만감을 느끼고 결국 영양실조로 사망해요. 너무 불쌍하죠?

우리 건강을 위협하는 미세플라스틱

우리나라는 전 세계에서 1인당 수산물을 가장 많이 먹는 나라예요. 그런데 물고기와 해산물에 미세플라스틱이 많다고 해요.

미세플라스틱이란, 5mm 이하의 작은 플라스틱 입자를 말해요. 사실, 미세플라스틱은 처음부터 미세플라스틱이 아니었어요. 우리가 사용하고 버리는 비닐, 일회용품, 플라스틱병 등이 바다로 흘러가 오랜 시간 동안 파도에 부딪히며 서서히 미세플라스틱으로 바뀌었어요.

지금 세계 곳곳의 바다에 수많은 미세플라스틱이 떠다녀요. 해수면뿐 아니라 해수층, 해저 퇴적물, 심지어는 북극의 해빙에서도 발견되었어요.

미세플라스틱

물고기는 눈에 잘 보이지도 않는 미세플라스틱을 어떻게 먹을까요?

바다 생물이 미세플라스틱을 먹이로 착각하기 때문이에요. 해양 생태학자의 연구에 따르면 플랑크톤에서부터 어류, 해양 포유류에 이르기까지 먹이사슬의 모든 단계에 있는 생물이 미세플라스틱을 먹을 수 있다고 했어요. 이렇게 잡은 수산물이 우리 식탁에 올라오는 거예요.

북태평양 바다에는 플랑크톤의 수보다 미세플라스틱 입자의 수가 6배나 더 많다고 해요. 2014년 기준, 바다에는 최소 15조, 많게는 51조 개의 미세플라스틱 입자가 있다는 연구 결과도 있어요.

우리는 미세플라스틱을 얼마나 먹을까요?

2019년 세계자연기금(WWF)과 호주 뉴캐슬 대학이 공동으로 시행한 '플라스틱의 인체 섭취 평가 연구'에서 일주일 평균 약 2,000개의 미세플라스틱을 섭취한다고 발표했어요. 이것을 무게로 환산하면 5g 정도예요.

이 정도 무게라면, 매주 교통카드 한 장을 먹는다는 뜻이고요. 매주 이렇게 많은 플라스틱을 먹는다니 정말 끔찍하죠?

 미세플라스틱은 소금, 어패류 속에 들어있지만 우리가 자주 먹는 생수에도 상당한 양의 미세플라스틱이 들어있어요.
 미세플라스틱은 인간과 해양생물 모두에게 나쁜 영향을 미쳐요.
 사람이 미세플라스틱을 먹으면 영양 감소, 내부 장기 손상, 염증 반응 등이 일어나고, 많이 먹으면 질병 발생률과 사망률이 높아져요. 특히 플라스틱 입자가 작을수록 더 위험해요. 입자가 작을수록 생체조직의 장벽을 통과해 혈관이나 모세혈관에 침투할 수 있어요.
 해양생물도 마찬가지예요. 먹다가 상처가 날 수 있고 성장과 번식 등 다양한 피해를 겪을 수 있어요.

플라스틱으로 인한 해양생물의 피해

플라스틱 쓰레기를 줄이려면 어떻게 해야 할까요?

재활용 분리수거를 잘하면 된다고요?

틀린 답은 아니지만, 플라스틱 쓰레기를 줄이려면 플라스틱 사용량을 줄이는 게 먼저예요. 적게 쓰면 쓰레기도 줄어들잖아요. 게다가 전 세계적으로 플라스틱의 재활용 비율은 1~3% 수준에 불과해요.

2016년, 국가별 1인당 연간 플라스틱 소비량은 일본(66.9kg), 프랑스(73kg), 미국(97.7kg)을 제치고 한국이 1위(98.2kg)였어요.

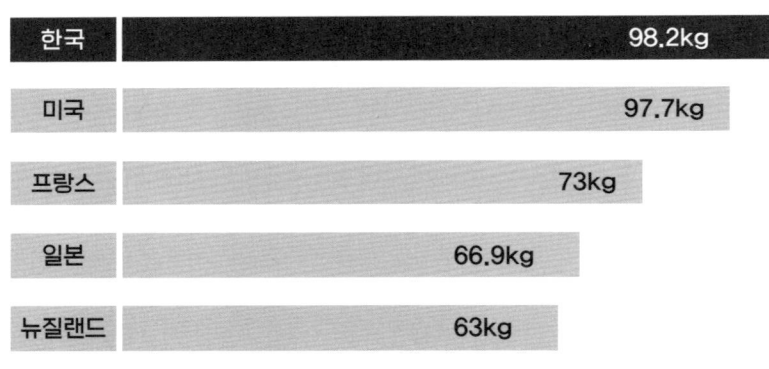

국가별 1인당 연간 플라스틱 소비량 조사(통계청)

2017년, 국제적인 환경단체 그린피스도 대한민국에서 사용한 플라스틱 제품을 조사했어요. 비닐봉지는 235억 개(469,200t), 페트병 49억 개(71,400t), 플라스틱 컵 33억 개(45,900t)였어요. 1인당 계산해보면 연평균 비닐봉지 460개(9.2kg), 페트병 96개(1.4kg), 플라스틱 컵 65개

(0.9kg)였어요.

  사실, 플라스틱 사용을 줄이려면 강력하게 법을 만들어 시행하는 것도 좋다고 생각해요. 강력한 법을 만든 나라에서 비닐봉지 사용이 많이 줄어들었거든요. 2022년 방글라데시는 세계 최초로 비닐봉지 사용을 금지했어요. 비가 많이 내리는 나라에서 비닐봉지는 하수관을 막아 홍수를 일으키는 원인이었거든요. 아프리카의 케냐도 2017년 비닐봉지 사용을 금지하는 강력한 법을 만들었어요. 비닐봉지를 사용한 사람에게 징역 4년 또는 벌금 약 4,300만 원을 부과하거든요. 이런 법이 있다면 아무도 비닐봉지를 사용하지 않을 거예요.

  그나마 다행인 것은 우리나라도 2022년 4월부터 일회용품 사용 금지가 다시 시행됐어요. 코로나 때 잠시 검췄거든요. 이제 음식점에서 일회용 컵, 숟가락, 젓가락, 빨대 등 일회용품을 사용할 수 없어요.

  이런 법이 더 많아졌으면 좋겠어요. 그러면 플라스틱 없이 살 수 있는 세상을 더 빨리 만들 수 있잖아요.

플라스틱 쓰레기 배출이 너무 많다.
플라스틱 사용 금지 법을 만들면,
플라스틱 쓰레기 배출량이 줄어들까요?

플라스틱 쓰레기 문제 심각성 플라스틱 쓰레기는 환경 오염, 생태계 파괴, 인체 건강 위협 등 심각한 문제를 일으킨다. 플라스틱 사용 금지법은 근본적인 해결책으로 작용할 수 있다.

대체 재료 개발 플라스틱 사용 금지법이 생기면, 종이, 유리, 바이오 플라스틱 등 친환경 대체 재료 개발 및 활용을 촉진시킬 수 있다. 이것은 새로운 직업 창출과 경제 성장에 도움이 된다.

미래 세대 책임 현재 세대의 플라스틱 사용은 미래 세대에게 심각한 환경 문제를 물려줄 수 있다. 플라스틱 사용 금지법을 통해 미래 세대에게 깨끗하고 안전한 환경을 물려줄 책임을 다해야 한다.

플라스틱 사용 금지 법안 반대

불편함 증가 플라스틱 사용 금지법은 일상생활에서 많은 불편을 일으킬 수 있다. 특히, 식품 포장, 의료용품 등 필수적인 분야에서 플라스틱 대체가 어려울 수 있다.

비용 증가 플라스틱 대체 재료는 플라스틱보다 생산 비용이 높아, 소비자 물가 상승으로 이어질 수 있다. 특히, 저소득층에게 부담을 줄 수 있다.

산업 피해 플라스틱 사용 금지법은 플라스틱 생산 및 관련 산업에 큰 피해를 입힐 수 있다. 일자리 감소, 경제 손실 등 사회적 문제를 발생시킬 것이다.

지구를 건강하게
탄소중립 7단어

03

세 번째 단어

숲

세 번째 단어

숲

나무가 이산화탄소를 흡수한다는 사실을 모르는 사람은 없을 거예요. 조금 더 정확히 설명하면 나무는 낮에는 광합성을 하면서 이산화탄소를 흡수하고 산소를 내뿜어요. 밤에는 반대로 호흡하므로 산소를 흡수하고, 이산화탄소를 배출하죠. 그래서 온실가스를 줄이는데 나무가 중요해요.

지금 우리나라는 OECD 주요국 중에서 국토 대비 산림 비율이 4위에 이를 만큼 숲 관리를 잘했어요. 하지만 예전에는 산에 나무가 많이 없었어요.

1위 핀란드 (73.1%)　　2위 일본 (68.5%)　　3위 스웨덴 (68.4%)　　4위 대한민국 (63.2%)

국토 대비 산림 비율 국가 순위

광복 이후, 우리나라의 산림은 민둥산 비율이 50%에 이를 정도로 황폐했어요. 정부에서 식목일을 지정하여 산림녹화를 시도하였지만, 많은 가정에서 땔감을 주요 연료로 사용했기 때문에 성공하지 못했어요. 또한 6·25 전쟁으로 많은 산림이 훼손되었고, 전쟁이 끝난 뒤에도 건물 복구와 난방을 하기 위해 많은 나무를 베어냈어요. 당시, UN 보고서에는 "한국의 산림은 복구될 수 없다."라는 내용이 있을 정도였어요.

리기테다 소나무와 현사시 나무를 아세요?

1960년대 중반, 우리나라는 강력한 산림녹화 정책을 시작했어요. 탄광을 개발하여 석탄을 난방 연료로 보급하고, 산에서 나무를 베는 것과 벌목을 단속했어요. 또한 산에서 화전을 일궈 농사짓는 사람에게 보상금

을 주고 직업교육을 시켜 도시로 이주시켰어요.

1970년 초반부터 개발제한구역(그린벨트) 정책도 시행했어요. 도시 주변의 녹지공간을 보존하여 개발을 제한하고 자연환경을 보전하려는 목적이었죠. 이런 노력과 정책으로 우리나라는 30년 만의 산림녹화에 성공했어요.

1982년 세계식량농업기구(FAO)에서 '한국은 2차 세계대전 이후 산림복구에 성공한 유일한 국가'라고 보고할 정도였어요.

우리나라가 산림녹화에 성공한 원인은 또 있어요. 바로 현신규 박사의 노력 덕분이었어요. 현신규 박사는 국내 최초의 임학 박사로 우리나라 환경에 맞는 우수한 종자를 개발하였고, 나무를 심고 숲을 가꾸는 데 앞장섰어요. 우리나라 산림녹화에서 현 박사의 가장 큰 업적은 바로 우리나라 풍토와 기후에 맞는 '리기테다 소나무'와 '현사시 나무'라는 두 품종을 개발한 것이에요.

리기테다 조림지에 서 있는 현신규 박사
(출처: 산림청)

먼저, 리기테다 소나무부터 살펴볼게요.

리기테다는 리기다 소나무와 테다 소나무가 합쳐진 단어예요. 두 나무의 장점만 골라 만들었거든요. 리기다 소나무는 척박한 땅에서 잘 자라고 추위에 강하지만 줄기가 구불구불해 목재로서의 가치가 떨어져요. 테다 소나무는 곧게 자라 재질이 좋고 성장 속도가 빠르지만, 추위에 약하고 비옥한 땅에만 자라요.

이 두 나무의 장점만 골라 리기테다 소나무를 만들었어요. 리기테다 소나무는 세계식량농업기구(FAO)에서 탁월한 품종으로 인정받을 만큼 우수해요.

현신규 박사는 현사시 나무도 개발했어요. 현사시 나무는 경사가 가파른 산지에서 잘 자라게끔 개량한 나무예요. 이 나무는 은백양과 수원사시를 교잡해 만들었어요. 처음에는 '은수원사시'로 불렸지만, 1979년 박정희 대통령의 지시로 현 박사의 성을 따라 '현사시'가 되었어요.

현사시는 성장 속도가 무척 빨라요. 꺾꽂이가 잘 돼 대규모 번식이 쉽고, 낙엽병에 강해 헐벗은 산에서도 잘 자라요. 게다가 곧게 자라는 성질이 있어 목재로서의 가치도 높아요.

이런 노력 덕분에 황폐했던 우리 국토는 반세기 만에 푸른 강산으로 변했어요. 인구 증가와 경제 발전으로 도시가 커지면서 산림 면적은 조금 줄었어요. 하지만 나무가 많이 자라 산림은 더 울창해졌어요.

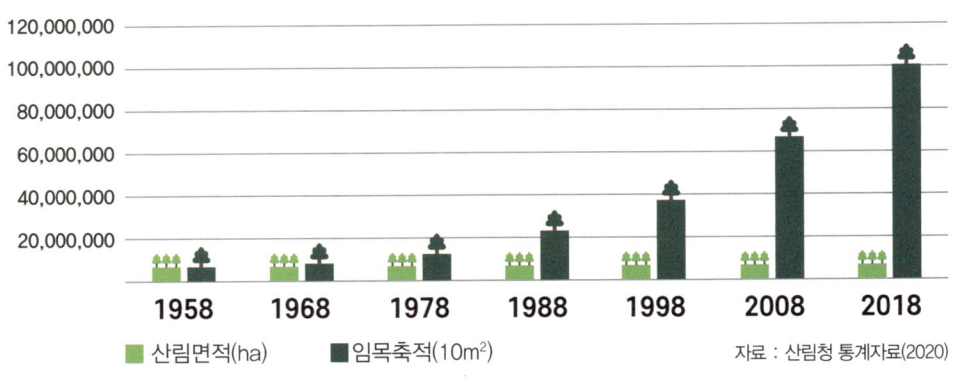

과거 60년간 산림 면적과 수목 밀도(산림청 통계자료 2020)

우리나라의 산림

이제 대한민국은 전 세계가 인정하는 산림녹화 모범국이 되었어요. 우리 국민이 모두 열심히 나무를 심고 가꿨기 때문이에요. 하지만 어린나무를 새로 심지 않고 계속 키우다 보니 하나둘 문제가 발생했어요. 산에 나무가 많아도 이산화탄소 흡수량이 점점 떨어지고 있거든요.

원인은 2가지로 볼 수 있어요. 늙은 나무가 너무 많고, 활엽수보다 침엽수 비율이 높기 때문이에요.

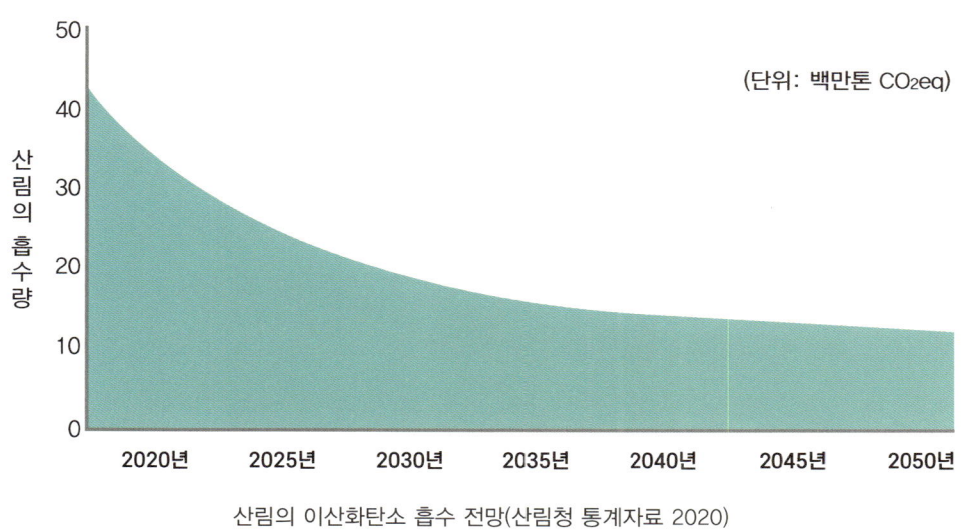

산림의 이산화탄소 흡수 전망(산림청 통계자료 2020)

먼저, 산림의 고령화부터 살펴볼게요.

나무의 나이는 '영급'으로 표현해요. 10년 단위로 1령씩 상승하죠. 10살까지 1령, 20살까지 2령, 이런 식으로 표현해요.

2020년 기준으로 우리 산림의 25% 정도가 4(Ⅳ)령급 이상의 수목으로 고령화 비중이 상당히 높아요. 반대로 20년 미만의 2(Ⅱ)령급 이하는 6% 정도밖에 되지 않아요. 결국, 어린나무가 적고, 오래된 나무가 많다 보니 산림의 이산화탄소 흡수량도 시간이 갈수록 점점 떨어지는 거예요.

나이	I령	II령	III령	IV령	V령	VI령 이상
비율	3.3%	2.6%	21.9%	46.4%	18.7%	6.7%

두 번째는 활엽수보다 침엽수가 많다는 사실이에요. 우리나라 산림 중 절반은 소나무, 잣나무, 낙엽송 등이에요.

침엽수는 활엽수(참나무류)보다 탄소 흡수량이 떨어져요. 게다가 대기 온도가 올라갈수록 침엽수는 이산화탄소 흡수량이 더 떨어져요. 온난화가 지속되면 탄소 흡수량은 침엽수림에서 평균 30% 감소하고, 활엽수림에서는 12% 감소하는 것으로 나타났어요.

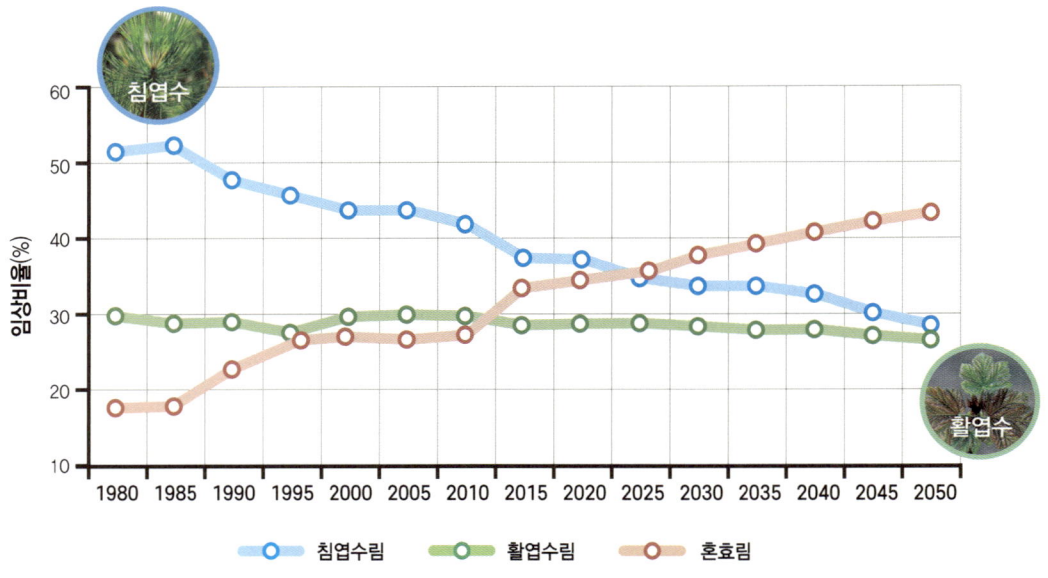

2015~2050년까지 임상별 면적 비율의 변화 및 전망

2050년이 되면, 노령기(50년 이상)가 되는 나무가 산림 전체 76% 정도 되며, 이산화탄소 흡수량 또한 2000년 대비 30% 수준이 될 것으로 예상했어요. 지구온난화를 막기 위해 이제는 침엽수 대신 활엽수를 많이 심어야 해요.

산에 나무를 심어야 할까?

2050년이 되면 나무에서 흡수하는 온실가스 배출량이 지금보다 훨씬 떨어진다고 하니 걱정이 앞서네요.
　혹시, "나무를 심으면 되잖아요." 이렇게 얘기하는 사람도 분명히 있을 거예요. 하지만 문제는 대한민국에는 나무 심을 곳이 많지 않다는 사실이에요. 나무를 심기만 할 뿐, 뽑아서 사용하지 않거든요.

　사실, 나무를 베어 목재로 사용하면 탄소중립에 도움이 많이 돼요.
　나무를 베어 의자를 만든다고 생각해보세요. 목재에 저장된 탄소가 대기로 날아가는 게 아니잖아요. 이것은 탄소 배출이 아닌 탄소의 이동으로 볼 수 있어요. 그래서 목제품(HWP)을 많이 사용하라고 말하죠.
　목제품(HWP)은 산림에서 생장한 나무를 수확해 얻은 원목과 이것을 가공해서 만든 다양한 제품을 말해요. 목제품은 탄소를 저장하기 때문에 대기 중으로 탄소가 방출되는 것을 지연시켜 줘요. 하지만 우리나라는 목재 자급률은 17%로 매우 낮은 편이에요. 우리나라 산에서 나무를 베지 않고, 대부분 수입하기 때문이에요.

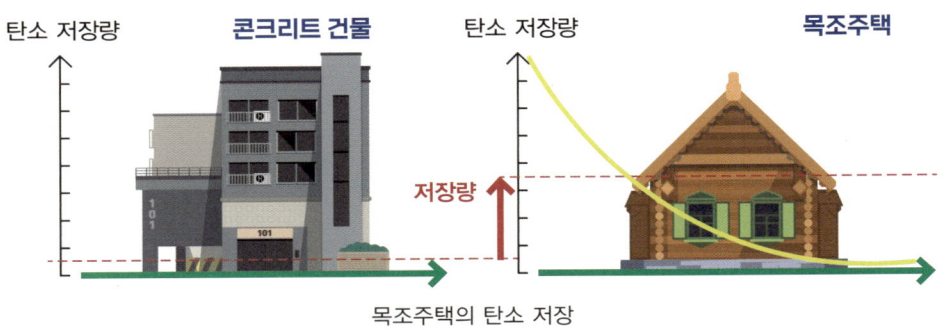

나무로 지은 고층 빌딩을 본 적이 있나요?

아무도 본 적 없을 거예요. 아직 우리나라에는 나무로 지은 높은 건물이 없어요. 하지만 다른 나라에서는 나무로 빌딩을 짓기도 해요.

노르웨이에는 세계에서 가장 높은 목조 건물(높이 85.4m)이 있어요. 스웨덴에도 높은 빌딩이 있고요. 한눈에 봐도 굉장히 멋있어요. 스웨덴 목조 빌딩은 철근콘크리트 건물보다 강도·단열 성능이 우수해요. 목재를 사용하면서 이산화탄소 9,000톤을 저장했어요. 게다가 온실가스 배출을 안 하는 제로에너지 건물이에요.

노르웨이 / 스웨덴

　국제사회는 목제품에 저장된 탄소를 계산해서 국가 '탄소 저장량'으로 인정해줘요. 기후변화협의체(IPCC) 기준으로 제재목은 35년, 합판·보드류는 25년, 종이는 2년 동안 탄소를 저장한 것으로 인정해줘요.
　예를 들어 목재를 약 36㎥ 사용한 목조주택은 총 9t의 탄소를 저장한 것으로 계산해요. 이것은 소나무 숲 400㎡가 1년 6개월간 흡수한 이산화탄소량과 같아요. 그래서 나무를 베어 목재로 사용하면 탄소중립에 도움이 많이 되죠.

　목재 사용량이 늘어나면, 산에 어린나무를 심을 수 있는 공간이 많이 생겨요. 지금 우리 산에는 새로 나무를 심을 공간이 아주 부족하거든요. 어린나무를 심고 오래된 나무를 뽑으면 산을 더 푸르게 가꿀 수 있어요.

이런 과정을 '산림경영'이라고 불러요.

산림경영이란 어린나무를 심어서, 기르고, 솎아베기하고, 보호하고, 수확한 후 다시 어린나무를 심는 순환 과정을 의미해요. 이렇게 산림을 관리하면 숲이 더 건강하고 나무가 더 잘 자랄 수 있어요.

빽빽한 수풀에 굵은 나무를 베면 주변에 공간이 생겨 빗물이 잘 흐를 수 있어요. 물길이 나면 더 많은 빗물이 땅속으로 들어갈 수 있죠. 땅이 마르지 않고 촉촉해지면 다양한 생물이 찾아와 먹이사슬이 튼튼해져요. 이렇게 생물 다양성이 풍부해지면 숲은 아주 건강한 생태계를 유지할 수 있어요.

산림경영 (전)   산림경영 (후)

목제품 사용을 늘리기 위해 대량으로 나무를 베는 것은 좋은 방법이 아니에요. 산림자원을 조사하여 효율적인 방법으로 목재를 선별하는 지혜가 필요하죠. 연료로 사용하는 것보다 탄소를 오래 저장할 수 있는 건축

자재, 실내장식 자재, 생활용품 등에 활용하는 것이 환경에 더 도움이 돼요. 또한, 소비자는 목재 사용이 산림을 파괴하는 행위가 아닌 건전한 자원 순환에 도움을 주고 환경을 보호하는 일이라고 생각해야 해요. 그래야만 목재의 소비가 늘고 산림이 더 건강하게 바뀔 수 있어요.

목재로 에너지를 얻는 바이오매스 발전

목재를 사용해서 제품을 만들면 톱밥, 잔가지, 나무껍질 등의 부산물이 남아요. 이런 것도 재활용할 수 있어요. 어떻게 하냐고요? 목재 부산물을 이용해 바이오매스 발전소에서 전기를 생산할 수 있거든요.

목재 부산물은 산과 하천에도 많이 있어요. 버려진 목재는 강으로 흘러가 물을 오염시켜요. 또한 산에 잔가지나 부러진 나무를 내버려 두면 오염, 산불, 훼손 등의 문제가 발생해요. 산림청에 따르면 2020년에 620건의 산불이 발생하여 1,119ha의 산림이 사라졌다고 해요.

바이오매스 발전은 나무를 태워 발전하지만 탄소중립에 많은 도움이 돼요. 국립산림과학원에 따르면 목재 칩 1톤은 연료용 유연탄 대체 시 이산화탄소 1,271kg을 줄일 수 있고, 목재 펠릿 1톤은 1,569kg

목재 펠릿

이상을 줄일 수 있어요.

국제에너지기구(IEA)도 목재 펠릿의 사용은 화석연료 대비 온난화 방지 효과가 상당히 뛰어나다고 밝혔고, 기후변화협약(UNFCCC) 역시 목재 펠릿 등이 탄소중립 연료임을 인정하고 화석연료 대체 에너지로 권장하였어요.

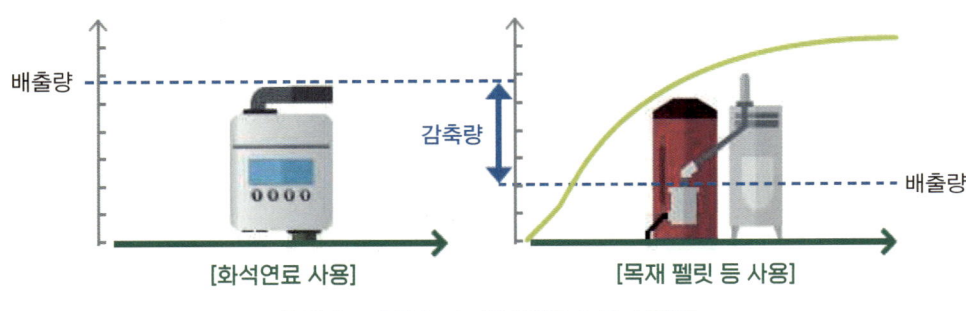

온실가스 배출량 비교(화석연료와 목재 펠릿)

목재를 태우는데 탄소중립에 도움이 된다는 게 조금 이상하죠? 게다가 산림청에서도 바이오매스 발전이 탄소중립에 도움이 된다고 말하잖아요.

사실, 산림의 순환 과정을 이해하지 못하면 목재를 태우는 것이 탄소배출이라 오해할 수 있어요. 여기서 목재는 숲에서 벤 나무가 아니에요. 이미 벤 나무를 사용하고 남은 톱밥, 나무껍질 등의 목재 부산물을 말하죠.

나무를 벨 때, 이미 이산화탄소를 배출한 것으로 계산해요. 따라서 목재에서 나온 부산물을 태워 발생하는 이산화탄소는 두 번 계산하지 않아요. 이것을 '탄소 순환 논리'라고 해요.

나무는 성장 과정에서 이산화탄소를 흡수하지만, 성장하면서 탄소 흡수 기능이 떨어지기 때문에 목재를 활용하는 것이 건강한 산림 조성에 도움이 돼요. 그래서 기후변화에 관한 정부 간 협의체(IPCC)와 국제에너지기구(IEA)는 **탄소 순환 논리**에 따라 산림 바이오매스를 탄소중립 에너지원으로 인정했어요. **탄소 순환 논리**, 꼭 기억하세요.

숲이 점점 사라져요.

숲은 탄소를 저장해 지구온난화를 억제할 뿐 아니라, 동·식물이 조화롭게 살아가는 생태공간이에요. 이런 숲이 1분마다 축구장 11개 넓이의 면적이 사라지고 있어요. 너무 충격적이지 않나요? 지금, 이 순간에도 세계 곳곳에서 일어나고 있다니 가슴이 너무 아파요.

2021년, 세계 각국의 지도자가 모여 생태계를 건강하게 지키기 위해 2030년까지 산림 벌채를 중단하고 숲을 회복시키자고 약속했어요. 하지만 이 약속은 잘 지켜지지 않았어요. 2022년 열대우림은 2021년보다 약 10% 더 많이 파괴되었거든요.

세계자원연구소의 보고서에 따르면, 2022년에 농업, 목축업, 광산업

무분별한 벌목으로 사라지는 숲

등에 의해 숲은 약 41,000㎢ 파괴되었어요. 대한민국의 약 40% 정도 될 만큼 엄청나게 넓은 면적이 사라진 거예요. 또한 파괴된 산림에서 배출된 탄소량은 총 27억 톤으로 우리나라 전체 온실가스 배출량보다 4배가 많아요.

지금까지 몇십 년 동안 세계 곳곳의 많은 숲이 사라졌어요. 너무 많아 모두 다 살펴볼 수도 없어요. 아프리카 대륙과 남아메리카 대륙 두 곳만 살펴볼게요.

아프리카 대륙에 있는 콩고민주공화국은 2022년에 총 5,000㎢의 숲이 파괴되었고 지금도 계속되고 있어요. 콩고는 식량 생산을 늘리기 위해 숲을 불태워 밭으로 만들었어요. 이뿐만 아니라 연료인 목탄을 만들기 위해 엄청난 나무를 베어냈어요. 최근 콩고 정부는 화석연료를 채굴하기 위해 대규모 벌목을 또 허가했죠.

남아메리카 대륙에 있는 볼리비아는 2021년보다 산림파괴율이 32% 증가했어요. 콩, 옥수수, 사탕수수 등을 심고 가축을 키우기 위해 산림을 파괴했어요. 최근 볼리비아는 바이오 연료 생산을 늘리기 위해 농축산업에 대한 투자를 늘렸고, 불법 산림 벌채가 점점 늘어가고 있어요.

숲이 사라지는 이유가 뭘까요? 여러 이유가 있겠지만, 사람이 먹을 식량과 가축을 키우기 위해 숲을 없앤다고 해요. 세계식량기구에 따르면 2017년 기준으로 전 세계 온실가스 배출의 20%는 먹거리를 키우는 일에서 나온다고 발표했어요. 혹시, 우리가 먹는 음식이 숲과 관련 있을까요?

지구의 허파가 사라졌다!

1964년, 브라질 정부는 아마존 정복에 나섰어요. 시작은 남아메리카를 횡단하는 고속도로예요. 아마존을 동서로 지나는 4,000km가 넘는 아마존 횡단 고속도로(BR-230)를 놓았거든요. 심지어 도로를 빨리 만들기 위해 숲에 산불을 냈어요.

고속도로가 생기자, 도로를 중심으로 생선 가시 모양의 벌목용 도로가 줄지어 생겨났어요. 숲이 사라진 자리는 사람이 차지했어요.

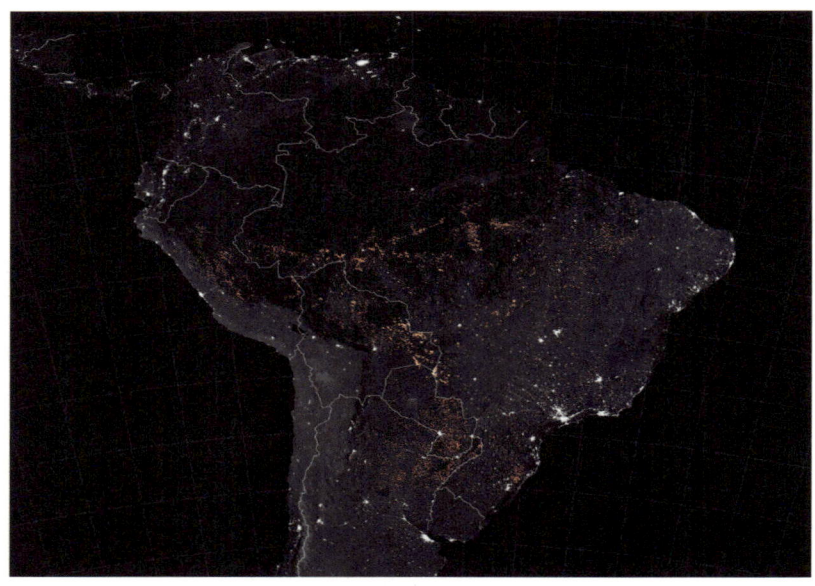

2019년 1월부터 8월 사이 관측된 아마존 일대의 화재 발생 현황을 보여주는 위성영상. 화재 지역이 아마존 유역 안쪽에서 대서양을 향해 뻗은 BR-163과 BR-230 고속도로를 따라 집중적으로 분포하고 있어 농지 개간을 위해 고의로 발생시킨 산불임을 의심케 한다. ©NASA

콩과 옥수수를 심고, 대량으로 소를 키웠어요. 아마존 원시림의 숨통을 끊는 데 오랜 시간이 걸리지 않았어요. 아마존 횡단 고속도로가 놓인 지 3년 만에 약 3만 ㎢에서 나무가 사라졌어요. 또 10년이 흐르면서 35만 ㎢, 또 10년 뒤에 50만 ㎢가 사라졌어요. 2018년까지 브라질 아마존에 있던 나무 약 20%가 사라진 거예요.

	콩			
생산 순위	1961년	2021년	변동량	증감률
브라질	271,488 t	134,934,930 t	+134,663,442 t	49,602%
미국	18,468,000 t	120,707,230 t	+102,239,230 t	554%
아르헨티나	957 t	46,217,910 t	+46,216,953 t	4,829,358%
중국	6,210,000 t	16,400,000 t	+10,190,000 t	164%
인도	5,000 t	12,610,000 t	+12,605,000 t	252,100%

	옥수수			
생산 순위	1961년	2021년	변동량	증감률
미국	91,388,000 t	383,943,000 t	+292,555,00 0t	320%
중국	18,000,000 t	272,552,000 t	+254,552,000 t	1,414%
브라질	9,036,237 t	88,461,944 t	+79,425,707 t	879%
아르헨티나	4,850,000 t	60,525,804 t	+55,675,804 t	1,148%
우크라이나	2,850,839 t	42,109,850 t	+39,259,011 t	1,377%

아마존 밀림은 반세기 만에 74만 ㎢(한국의 7배, 미국 텍사스주보다 넓은 면적)가 잘려 나갔어요. 아마존 원시림이 사라진 대가로 브라질은 쇠고기 생산 세계 2위, 콩 재배량 세계 1위, 사탕수수 재배량 세계 1위, 옥수수 재배량은 세계 3위가 되었어요. 게다가 쇠고기 수출은 세계 1위예요.

사탕수수					
	생산 순위	1961	2021	변동량	증감률
	브라질	59,377,390 t	715,659,200 t	+656,281,810 t	1,105%
	인도	110,001,010 t	405,399,000 t	+295,397,990 t	269%
	중국	4,268,100 t	106,664,000 t	+102,395,900 t	2,399%
	파키스탄	11,640,000 t	88,650,590 t	+77,010,590 t	662%
	태국	2,000,000 t	66,278,504 t	+64,278,504 t	3,214%

아마존 숲이 사라지고 생긴 도로

2010년부터 2019년 사이 브라질 아마존은 이산화탄소 166억 톤을 배출했고, 139억 톤을 흡수했어요. 이제 아마존은 온실가스 흡수원이 아닌 배출원이 되었어요.

고기가 숲을 사라지게 만들어요.

소, 양, 사슴, 낙타 같은 반추동물은 온실가스를 많이 배출해요. 먹이를 소화할 때 트림과 방귀로 메탄(CH_4)이 발생하고, 가축 분뇨가 분해되면서 메탄(CH_4)과 아산화질소(N_2O)가 발생하거든요. 축산업 분야에서 방출되는 온실가스양은 전 세계 온실가스 배출량의 15~18%를 차지할 만큼 많아요. 교통·운송 분야에서 발생하는 전체 온실가스 배출량과 거의 비슷해요.

가축과 교통수단의 온실가스 배출량 비교(출처: 세계식량기구와 국제에너지기구 통계)

이뿐만 아니라 축산은 농업보다 18배 많은 땅이 필요해요. 세계 인구 증가와 육식 소비가 증가하면서 목장과 목초지도 동시에 늘어났어요. 새로운 목장과 목초지 대부분은 숲을 없애고 만들었어요. 이 과정에서 벌목과 산불이 빈번히 발생했죠. 숲이 사라지면, 지금까지 흡수했던 탄소가 모두 대기로 배출돼요. 앞으로 저장할 탄소량도 기대할 수 없고요. 게다가 야생동물의 서식지까지 사라져요.

사료 작물을 키울 때도 상당한 양의 온실가스가 배출돼요. 비료를 땅에 뿌리면 아산화질소가 발생하거든요. 아산화질소는 이산화탄소보다 298배, 메탄보다 12배나 더 큰 온실효과를 일으켜요.

사료 작물의 재배량은 꽤 많아요. 가축이 성장하려면 꽤 많은 사료를 먹어야 하거든요. 소가 1kg 살이 찌려면 사료 약 25kg가 필요해요. 소에 비해 닭과 돼지는 조금 적어요. 닭은 3.3kg, 돼지는 6.4kg 정도 먹어야 1kg 정도 살이 찌거든요. 그런데 사람이 키우는 가축 숫자가 너무 많아요.

세계식량농업기구(FAO)에 따르면 전 세계에 양과 돼지 각각 10억 마리, 소는 15억 마리, 닭은 190억 마리가 있다고 해요. 이 숫자는 살아 있는 가축 수에 불과해요. 사람이 먹기 위해 죽이는 가축 수까지 계산해보면 매년 700억 마리가 넘어요. 매년 700억 마리 넘는 가축이 곡식을 먹는다고 생각해보세요. 엄청난 양이 아닌가요?

동물 사료로 콩과 옥수수를 많이 사용해요. 미국, 브라질, 아르헨티나에서 콩과 옥수수 재배량이 많아요. 모두 숲을 없애고 밭을 만들어 콩과 옥수수를 심었어요. 가축은 콩과 옥수수를 먹고 자라 결국 사람의 식탁에 올라오죠. 결국, 사람이 먹을 음식을 위해 숲이 사라지는 셈이죠.

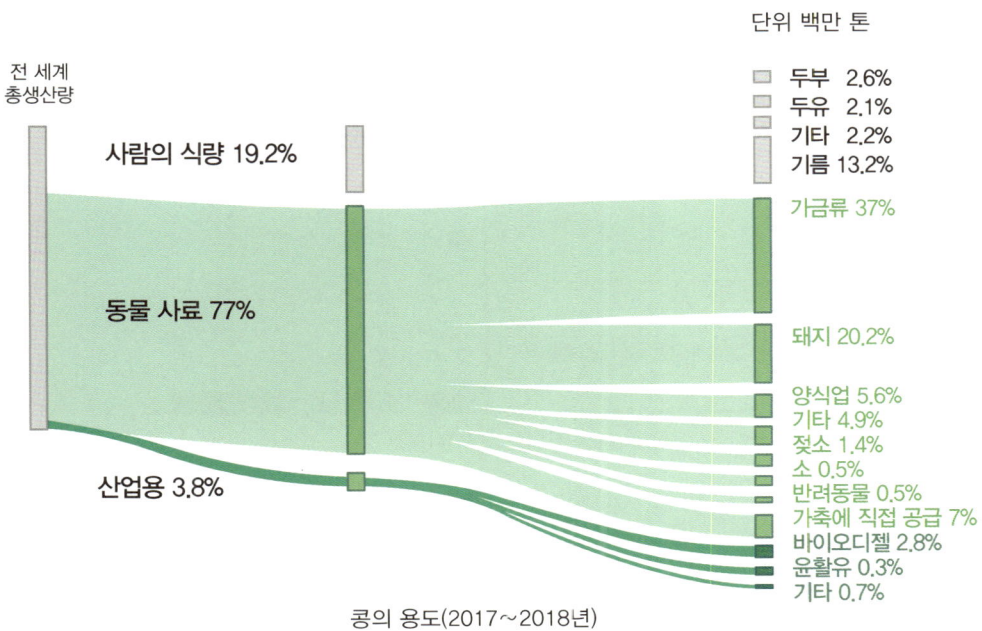

콩의 용도(2017~2018년)

과자와 라면을 튀기는 팜유(Palm oil)

빵, 라면, 과자, 초콜릿, 마가린, 아이스크림 등에 들어가는 공통 원료는 무엇일까요?

　모두 기름야자 열매로 짠 팜유를 사용한다는 공통점이 있어요. 엄밀하게 말해 모든 빵, 과자, 라면 등에 사용하는 것은 아니지만, 대부분 팜유를 사용하거든요.

빵 포장지에 표시된 영양 정보

팜유는 팜나무(기름야자)의 열매로 짠 기름이에요. 게다가 전 세계적으로 가장 많이 사용하는 기름이기도 해요. 팜유 다음으로 콩기름을 많이 사용해요.

팜나무는 다른 작물보다 기름을 더 짜낼 수 있어요. 식물성 기름으로 많이 사용하는 콩, 유채, 땅콩, 해바라기 등보다 6~11배 정도 더 많이 기름을 만들 수 있거든요. 그래서 팜유 가격이 저렴해요. 게다가 팜유는 다른 식물성 기름을 사용한 제품보다 더 오래 보관할 수 있어요.

이런 장점 때문에 많은 곳에서 팜유를 사용하죠. 하지만 문제는 팜유를 재배하기 위해 숲을 없애고 있다는 사실이에요.

원래 팜나무의 원산지는 아프리카 서부 열대지방이지만, 다국적 기업이 인도네시아와 말레이시아에 숲을 없애고 대형 팜유 농장을 짓기 시작했어요. 특히, 인도네시아와 말레이시아에서 팜유 생산이 많아요. 전 세계 팜유의 85%가 인도네시아와 말레이시아에서 생산되죠.

	팜				
	생산 순위	1961년	2021년	변동량	증감률
	인도네시아	145,700 t	44,759,148 t	+44,613,448 t	30,620%
	말레이시아	94,846 t	19,140,612 t	+19,045,766 t	20,081%
	태국	600 t	2.690,000 t	+2,689,400 t	448,233%
	콜롬비아	1,700 t	1,557,995 t	+1,556,295 t	91,547%
	나이지리아	669,000 t	1,280,000 t	+611,000 t	91%

팜유 농장을 짓는 과정에서 숲이 사라지고, 많은 동물이 생명에 위협을 받고 있어요. 국제자연보존연맹(IUCN)에서 조사한 보고서를 보면 팜유 농장의 건설로 멸종위기 포유류의 54%, 멸종위기 조류의 64%가 위협을 받아요.

팜유 농장에서 발생하는 환경파괴 문제는 다국적 기업의 팜유 농장 건설 과정에서 수없이 반복되고 있어요. 하지만 지금으로서는 팜유 사용을 줄일 마땅한 방법이 없어요. 기름야자(팜유) 열매만큼 기름을 많이 짤 수 있는 작물이 없거든요. 팜유 대신 콩, 유채씨, 해바라기씨 등의 식물성 기름을 사용하면, 팜유 농장보다 최대 9배 더 넓은 면적이 필요하다고 해요.

팜유가 들어있는 제품의 소비를 줄이는 게 가장 지혜로운 방법이에요.

열대우림을 파괴하는 초콜릿

초콜릿의 주원료인 카카오 나무는 아프리카 열대 지역에서 잘 자라요. 아프리카 열대 지역에서 전 세계 카카오의 70% 정도가 생산되죠. 그런데 카카오의 수요가 점점 늘어났어요. 카카오 농장에서는 카카오를 더 많이 재배하기 위해 숲에 불을 질러 농경지를 만들어요. 나무가 불에 타면 온실가스가 배출되고 숲에 사는 동식물의 생존까지 위협을 받아요. 특히, 코트디부아르에 코코아 농장이 많아요.

지난 50년간 카카오 나무를 심기 위해 열대우림의 80% 이상이 사라졌어요. 이렇게 카카오 농장이 계속 늘어나면, 2030년에는 열대우림이 완전히 사라질 수 있어요.

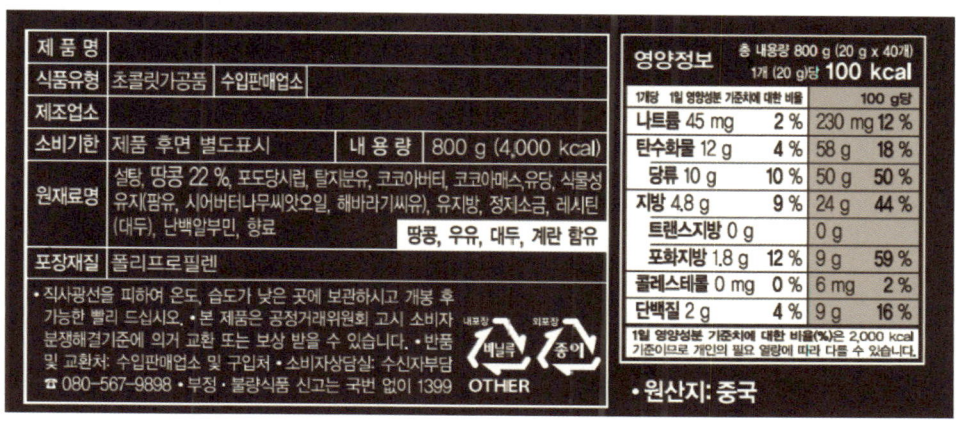

초콜릿 과자에 표시된 영양 정보

이뿐만이 아니에요. 숲이 사라지면, 지구온난화 속도가 더 빨라지잖아요. 지구 대기 평균 온도가 산업혁명 시기보다 2도 정도 더 올라가면 더 이상 코코아를 키울 수 없다고 해요. 아열대우림 지역이 열대우림 지역으로 바뀌거든요. 열대우림은 아열대우림보다 기온이 높고 강수량이 적어요.

결국, 초콜릿을 즐기다가 카카오 나무가 사라지는 셈이 되는 거죠. 우리가 무심코 먹은 초콜릿 하나가 온실가스 배출과 기후변화로 이어진다는 것을 잊지 말아야 해요.

숲의 파괴를 막을 방법은 없을까요?

세계자연기금(WWF)에 따르면 열대우림을 파괴하는 원인이 되는 주요 상품 6가지는 콩(31%), 팜유(24%), 소고기(10%), 목재(8%), 코코아(6%), 커피(5%) 순서예요.

이것을 보면서 우리가 할 수 있는 일은 무엇이 있을까요? 소고기와 코코아를 적게 먹어야 한다고요. 맞아요. 또 다른 건 뭐가 있을까요? 잘 모르겠죠?

6가지 상품이 우리와 상관없이 보이지만, 자세히 들여다보면 우리의 생활과 아주 밀접한 연관이 있어요. 콩은 동물의 사료, 팜유는 빵, 과자, 라면을 만들 때 많이 사용해요. 다시 말해, 빵, 고기, 과자, 라면, 초콜릿 모두가 우리와 관련이 있어요. 이것을 조금만 줄여도 숲의 파괴를 막고 우리의 건강도 지킬 수 있어요.

우리가 자주 먹는 닭을 예로 들어볼게요. 한 달에 4번 치킨을 먹는데 1

번만 줄여볼게요. 이런 행동을 혼자가 아닌 전 세계가 동시에 한다면 어떻게 될까요? 아마 전 세계 닭의 소비가 25% 줄어들 거예요. 닭의 소비가 줄어들면 사료도 그만큼 필요가 없게 되죠. 결국 콩 재배 면적도 같이 줄어들고, 숲의 파괴도 막을 수 있어요.

신기하죠? 닭을 조금 덜 먹었을 뿐인데, 숲의 파괴를 막을 수 있잖아요. 이런 방법으로 콩, 팜유, 소고기, 코코아의 소비를 조금만 줄여도 숲을 더 건강하게 지킬 수 있어요.

집에서 고기를 덜 먹는 게 쉽지 않아요. 가족 모두가 동의해야 할 수 있잖아요. 그래서 미트프리 먼데이(Meet Free Monday)라는 캠페인을 실천해 보자고 가족에게 제안해 봤어요. 남동생, 아빠, 엄마 모두 미트프리 먼데이 캠페인에 찬성했어요. 조금 어렵지만 이런 캠페인을 실천하면 숲을 살릴 수 있잖아요. 여러분도 같이하면 좋겠어요.

참, 미트프리 먼데이(Meet Free Monday)가 뭐냐고요?

말뜻 그대로 고기 없는 월요일이에요. 사람의 건강과 지구의 건강을 위해 식단에서 고기를 줄이도록 권장하는 세계적인 운동이에요. 이 캠페인은 고기보다 과일, 채소를 더 많이 먹을 수 있어 건강에 도움이 많이 돼요. 우리가 사는 지구의 주인은 사람이 아니에요. 지구에 사는 모든 생명체가 주인이에요. 동물, 식물, 사람 모두가 조화롭게 지낼 때, 지구는 더 건강하게 바뀔 거라 믿어요.

축산을 위해 많은 숲이 사라진다.
환경, 건강, 미래를 생각한다면, 육식과 채식 중
어떤 것이 더 나을까요?

영양소 섭취 육류에는 철분, 아연, 단백질, 비타민B12 등 영양소가 풍부하게 들어 있다. 사람이 건강을 유지하기 위해 육류 섭취는 꼭 필요하다.

만족스러운 맛 고기는 언제 먹어도 맛있다.

육류 산업의 중요성 육류 산업은 매우 큰 규모의 산업이다. 육류가 사라지면, 일자리를 잃은 사람이 많아지면서 경제까지 나빠진다.

탄소중립 축산에서 배출하는 메탄이 줄어들면, 탄소중립을 더 빨리 달성할 수 있다. 메탄은 이산화탄소보다 25배 더 센 온실가스이지만, 대기 중에 머무는 시간이 12년 정도 밖에 되지 않아 탄소중립 측면에서 메탄을 줄이는 게 매우 효과적인 방법이다.

환경문제 육식이 늘어 축산업이 발전한다면, 숲이 사라져서 대기 오염, 수질 오염 등 환경 문제가 더 심각해진다.

건강문제 육식은 동물성 지방과 콜레스테롤 함량이 높아서 비만, 당뇨병, 심혈관 질환 등의 건강 문제를 일으킨다. 영양소를 골고루 갖춘 채식으로 건강을 충분히 유지할 수 있다.

지구를 건강하게
탄소중립 7단어

04

네 번째 단어
자동차

네 번째 단어
자동차

2022년 3월, 대한민국 자동차 대수가 2,500만 대를 돌파했어요. 인구 2명당 1명꼴로 차가 있다니, 너무 많다는 생각이 들어요.

2022년 기준으로 대한민국 도로를 달리는 자동차 25대 중 24대가 온실가스를 내뿜어요. 화석연료인 휘발유, 경유를 사용하기 때문이에요. 게다가 경유 자동차는 미세먼지를 일으키는 유해 물질도 배출하죠.

자동차를 안 탈 수도 없고, 지구도 지켜야 하고? 우리는 어떻게 해야 하죠?

자동차에서 발생하는 온실가스, 어떻게 줄여야 하죠?

온실가스 배출을 줄이기 위해, 우리 환경을 건강하게 만들기 위해 내연 기관 자동차 대수를 줄여야 해요. 하지만 화석연료 사용량을 줄이는 게 더 중요해요. 내연 기관 자동차 대수가 줄어들어도 화석연료 사용량이 늘어난다면, 온실가스 배출량이 줄어들지 않잖아요.

자동차에서 발생하는 온실가스 배출량을 줄이려면 대중교통을 많이 이용하는 게 좋아요. 그래야만 효과적으로 온실가스 발생량을 줄일 수 있어요.

교통수단별 평균 탄소 배출량을 보면, 승용차를 타는 것보다 대중교통을 이용하는 것이 온실가스 배출을 줄이는 데 더 도움이 돼요.

전 세계적으로 내연 기관 자동차는 점점 사라지고 있어요. 전 세계가 내연 기관 자동차의 판매 중지를 발표했거든요. 나라마다 조금씩 차이는 있지만 2035년을 기준으로 내연 기관 자동차의 판매가 중단돼요.

교통수단별 탄소 배출량(c/km)

국가	내연 기관 차량 판매 금지 시점
노르웨이 / 네덜란드	2025년
독일	2030년 시행 예정
프랑스	2040년
영국	2035년 / 하이브리드 차량 (2035년)
미국 캘리포니아주	2035년
일본 / 중국	2035년

100년 전, 내연 기관 자동차보다 전기자동차가 훨씬 더 많았다!

요즘 도로 곳곳에서 하늘색 번호판을 단 자동차를 어렵지 않게 볼 수 있어요. 하늘색 번호판은 온실가스 배출을 하지 않는 친환경자동차만 달 수 있어요. 대표적으로 전기차와 수소연료전지차가 있죠.

전기자동차는 아주 오래전에 개발되었어요. 세계 최초의 전기차는 1881년 프랑스의 발명가 구스타프 트루베가 만들었거든요.

구스타프 트루베(Gustave Trouv, 1839~1902)가 만든 삼륜 자동차는 납축전지와 전기 모터를 사용했어요. 요즘 나오는 전기자동차의 구동 원리와 아주 비슷해요.

세계 최초의 전기차 - 구스타브 트루베의 삼륜차

게다가 당시 전기자동차는 상당히 많이 팔렸어요. 20세기 초 미국의 자동차 판매 비율은 증기기관 자동차 40%, 전기차 38%, 가솔린차 22%였고, 1912년 미국 내 전기차 등록 대수는 33,842대였거든요.

생각보다 많지 않다고요?

대한민국에서 전기자동차 등록 대수 100만 대를 넘긴 때가 2022년 9월이에요. 2016년, 2017년까지는 3만 대가 넘지 않았어요. 지금 100만 대가 넘었다고 하지만, 전체 자동차 중 전기자동차 비중은 4% 정도밖에 되지 않아요.

이런 점을 볼 때, 당시 38%는 꽤 높은 비중이었어요. 하지만 포드자동차가 대량생산을 시작하면서 내연 기관 자동차가 전기차를 따라잡기 시작했어요.

포드의 자동화 시스템

포드가 자동차를 대량생산하자, 내연 기관 자동차의 가격이 점점 내려갔어요. 가격 차이가 무려 3배 이상까지 벌어졌어요. 소비자는 충전 시간이 오래 걸리고, 멀리 운행할 수 없는 전기자동차 대신 가격이 저렴하고 멀리 달릴 수 있는 내연 기관 자동차를 구매했어요. 또한 1920년대, 미국 텍사스에서 원유가 대량으로 발견되면서 세계 원유 가격이 내려간 것도 내연 기관차가 증가하게 된 원인이에요.

이런 과정을 거치며 자동차 산업은 내연 기관 위주로 폭발적인 성장을 이뤄냈고 전기차는 거의 사라졌어요. 지금처럼 말이죠.

전기자동차, 이번에는 오래 갈까?

전기자동차가 다시 등장한 것은 21세기 초반이에요. 미국 자동차 회사인 '테슬라'를 들어봤죠? 2003년, 일론 머스크가 테슬라를 세우면서 전 세계 전기자동차 시장이 확 달라졌어요. 이전까지 전기자동차는 성능이 떨어지고, 가격이 너무 비쌌거든요. 하지만 테슬라가 전기자동차의 대중화를 선언하며 전기자동차의 역사를 다시 쓰는 출발점이 되었어요.

이제 10년 전보다 전기자동차가 꽤 많아졌어요. 테슬라 외에도 많은 회사에서 전기자동차를 만들어 팔아요. 지구온난화를 막으려면 이동할 때도 온실가스 배출량을 줄여야 하거든요.

전기차는 어떻게 움직일까요?

전기차(Electric Vehicle, EV)는 배터리에 저장한 전기를 사용해 모터를 돌려 움직여요. 내연 기관 자동차와 달리 엔진 없이 배터리와 모터만으로 움직일 수 있으며, 배출가스와 온실가스를 전혀 배출하지 않아요.

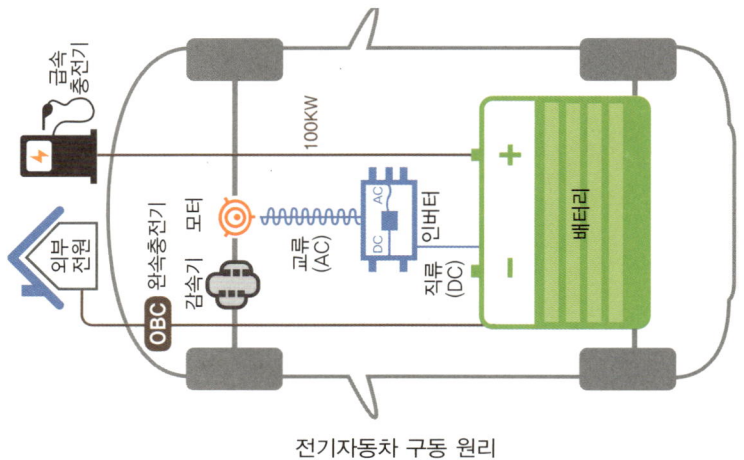

전기자동차 구동 원리

이렇게 간단한 구조인데 전기자동차가 왜 비쌀까요? 바로 배터리 때문이에요. 배터리 가격이 자동차 가격의 약 1/3 정도 돼요. 배터리에 아주 비싼 희귀금속이 들어가거든요.

전기자동차 외에도 온실가스를 배출하지 않는 자동차가 또 있어요. 바로 수소연료전지차예요. 아주 많이 팔린 건 아니지만, 길거리에서 가끔 볼 수 있어요.

수소연료전지차(Fuel Cell Electric Vehicle, FCEV)를 흔히 수소차로 부르죠. 수소연료전지차는 전기차와 구동 원리가 같지만 전기를 저장하는 배터리 대신 전기를 생산하는 연료전지가 들어있어요.

연료전지는 조금 생소하죠?

연료전지는 신에너지 종류 중 하나이며, 수소와 공기 중의 산소를 직접 반응시켜 전기를 생산하는 장치예요. 설명이 조금 어렵다고요? 조금 더 쉽게 알려드릴게요.

물을 전기 분해하면 수소와 산소가 발생하잖아요. 연료전지는 물의 전기 분해를 거꾸로 반응시킨 거예요.

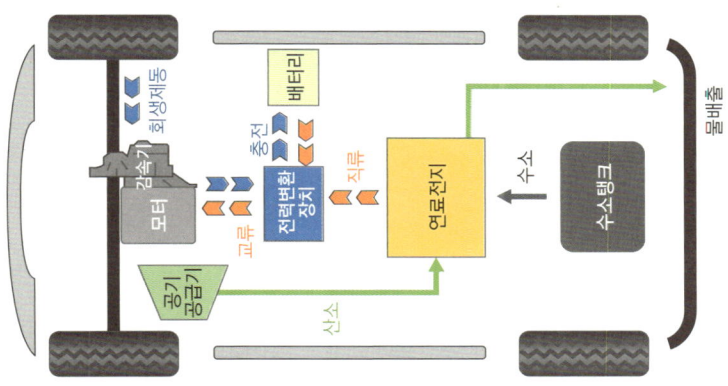

수소연료전지차 구동 원리

수소전기차가 에너지를 발생시키는 원리는 아주 간단해요. 앞에서 얘기한 것처럼 물의 전기 분해를 거꾸로 했다고 생각하면 되잖아요. 그런데 수소와 산소가 만나 물이 되면서 열과 전기를 또 만들어요. 여기서 발생한 전기로 모터를 돌리는 거예요.

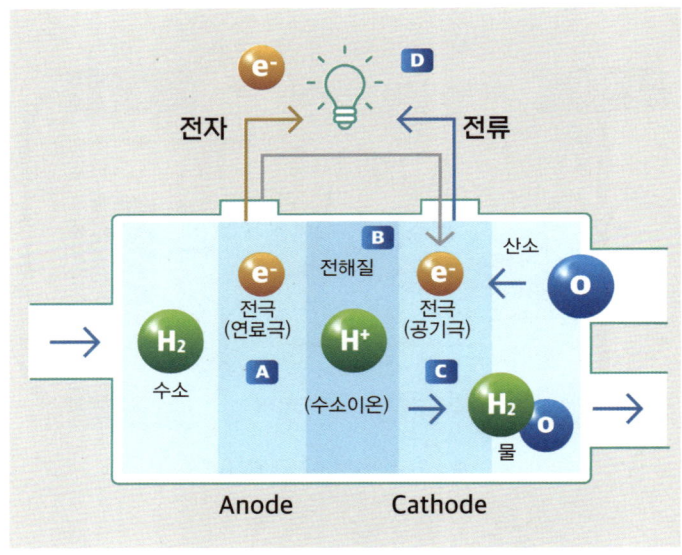

수소-산소 반응 원리

수소연료전지차는 움직일 때 물만 발생하기 때문에 배출가스가 나오지 않아요. 게다가 달리면서 주변 공기를 빨아들이기 때문에 초미세먼지를 걸러내요. 그래서 수소연료전지차는 도로 위에서 달리는 공기청정기라는 별명도 있어요. 수소연료전지차가 1시간 달리면 26.9kg의 공기를 정화하거든요. 이 양은 성인 48.9명이 1시간 동안 호흡하는 공기량이에요. 이뿐만 아니라 충전 속도가 전기차보다 훨씬 빨라요.

　모든 자동차는 일정 거리를 달리고 난 뒤 연료를 채워 넣어요. 내연 기관차는 휘발유, 경유를 넣고 전기차는 배터리를 충전해요. 내연 기관 자동차의 연료 주입 시간은 매우 짧아요. 승용차의 경우 몇 분 내 연료를 가득 채울 수 있잖아요. 하지만 전기차는 상당히 오래 걸려요. 초급속충전기에서 충전하더라도 몇십 분을 기다려야 해요. 집에서 저속충전기로 충전할 때는 반나절 이상 걸리는 경우가 대부분이죠. 하지만 수소연료전지차는 수소 충전 시간이 매우 짧아요. 몇 분 만에 연료통에 수소를 가득 채울 수 있어요. 게다가 연료 효율이 높아 훨씬 더 멀리 달릴 수 있어요. 1회 충전으로 5~600km는 거뜬히 달릴 수 있거든요.

깨끗한 자동차 – 저공해자동차

도로에 전기자동차, 수소연료전지차만 달리면 좋겠지만, 아직 우리 현실은 그렇지 않아요. 모든 게 하루아침에 달라질 수 없잖아요. 천 리 길도 한 걸음부터라는 말처럼 대한민국의 도로는 서서히 친환경자동차로 채워지고 있어요.

우리나라는 2007년 저공해자동차 규정을 만들었어요. 저공해자동차는 기존 내연 기관 자동차보다 공해물질을 덜 발생시키는 자동차를 뜻해요. 이런 자동차는 에너지를 적게 사용하여 먼 거리를 이동할 수 있어요.

친환경차의 종류는 3가지가 있어요. 저공해차, 환경친화적자동차, 무공해차예요.

저공해차 (LEV:Low Emission Vehicles)	대기오염물질의 배출이 없거나 적게 배출하는 자동차 (1종, 2종, 3종) (대기환경보전법, 환경부)
환경친화적 자동차 (약칭:친환경차)	저공해차 기준에 적합하고, 에너지소비효율이 우수한 자동차(친환경자동차법, 산업통상자원부)
무공해차 (ZEV:Zero Emission Vehicles)	저공해차 중에서 대기오염물질 배출이 없는 자동차 (대기환경보전법, 환경부)

친환경자동차는 다양한 혜택이 있어요. 혼잡 통행료 할인, 공영주차장 이용료 할인, 고속도로 통행료 감면 등을 받을 수 있거든요. 또한 차량을 구매할 때, 세금 감면 및 보조금을 받을 수 있어요.

2030년에는 전 세계 순수 전기자동차 비율이 30% 이상 될 것으로 전망해요. 우리나라도 2030년 무공해차 보급 목표가 33%이며(전기차 24%, 수소전기차 9%), 다른 나라의 목표와 비슷한 수준이에요.

우리 아파트 주차장에 있는 자동차를 조사해봤어요. 400가구 정도 사는 아파트 단지인데 1종은 1대, 2종은 10대, 3종은 7대가 있었어요. 낮에 조사해서 그런지 1종 저공해차가 1대밖에 없어 조금 실망했어요.

아파트를 돌며 친환경자동차 조사하기

친환경차와 반대로 오염물질을 배출하는 자동차는 엄격하게 법을 정해 규제를 하고 있어요. 경유 자동차는 온실가스 외에도 질소화합물이라는 오염물질을 배출하거든요. 질소화합물은 세계보건기구(WHO) 1군 발암물질로 미세먼지를 발생시키는 원인이에요.

2014년부터 모든 경유 자동차는 배출가스 저감장치를 의무적으로 달아야 해요. 배출가스 저감장치는 경유가 연소할 때 요소수와 화학 반응을 하여 배출가스를 깨끗하게 걸러주거든요.

또한 오래된 경유차는 조기 폐차를 지원하거나 도시로 들어 올 수 없게 단속도 하고 있어요.

친환경자동차보다 더 중요한 것은 바로 에너지 절약

2022년 대한민국을 기준으로 전기자동차와 수소연료전지차가 100% 친환경은 아니에요. 전기자동차에 사용하는 전력 대부분이 화석연료로 만들기 때문이에요. 이 말은 전기차가 늘어날수록 화석연료로 생산하는 전기도 동시에 증가할 수 있다는 뜻이에요. 전기자동차가 100% 친환경자동차가 되기 위해 화석연료보다 신·재생에너지로 만든 전기를 사용해야 하죠.

수소연료전지차도 비슷해요. 수소를 만들 때, 온실가스 배출이 꽤 많거든요. 지금 수소연료전지차에 넣는 수소는 친환경연료인 그린수소가 아닌 그레이수소예요. 수소 1kg을 만드는데 온실가스 10kg가 발생하죠. 그린수소를 만들려면 신·재생에너지가 많아야 해요. 그래야만 깨끗한 전기로 그린수소를 만들 수 있거든요.

2022년 기준으로 전기자동차와 수소연료전지차가 달릴 때, 얼마나 많은 온실가스를 배출할까요? 자동차 종류별로 생산에서 주행, 폐차까지 계산해보았어요.

구분	합계	연료생산 + 주행		자동차 제조, 폐기, 재활용	
		연료생산	주행 중 배출	배터리	조립, 폐차, 재활용 등
전기차(80kWh)	25.4~28.2	14.8	-	5.2~8.0	5.4
내연기관차	34.3	4.6	23.7	-	6.0
하이브리드차	24.5	3.4	17.6	0.3	6.2
플러그인하이브리드	24.5	10.2	7.1	0.8	6.4
수소전기차	27.5	17.7	-	0.3	9.5

위 표를 보면서 온실가스 배출량이 가장 적은 자동차가 플러그인 하이브리드 자동차라는 것을 보고 깜짝 놀랐어요. 전기차와 수소연료전지차에 필요한 연료생산에서 온실가스 배출량이 많거든요.

지금 상황에서 가장 좋은 방법은 대중교통을 이용하는 것이에요. 매일 1.5km 이내 거리를 걸어 다니면, 1년간 31.5kg의 탄소를 줄일 수 있어요. 조금 먼 거리는 대중교통을 이용하는 게 좋아요. 대중교통을 이용하면 1년간 285.45kg의 탄소를 줄일 수 있죠. 자전거는 온실가스 배출이 전혀 없어요. 게다가 가족과 함께 실천하면 지출을 또 줄일 수 있잖아요. 이런 실천이 진짜 탄소중립을 위한 기후 행동이 아닐까요?

가족여행을 갈 때,
자가용과 대중교통 중에서 어떤 교통수단을
선택해야 할까요?

자가용 찬성

편리함 자가용은 언제 어디서든 원하는 시간에 출발하고 도착할 수 있다. 특히, 짐이 많을 때 편리하게 싣고 편하게 이동할 수 있다.

자유로움 목적지와 경로를 자유롭게 선택할 수 있다. 또한 상황에 맞게 움직일 수 있으며, 피곤하면 차에서 쉴 수도 있다.

시간 기다리는 시간 없이 바로 이동할 수 있다. 또한 마땅한 대중교통이 없어 택시를 이용하면 시간, 비용 모두 손해이다.

탄소배출 자가용은 대중교통보다 탄소 배출량이 많다. 탄소중립을 위해 대중교통을 이용하는 것이 현명한 방법이다.

비용 자동차가 있으면, 차량 구매, 정비, 주유 등 비용이 많이 들어간다.

편리함 운전을 하지 않아 편하게 여행할 수 있다. 또한 복잡한 도심지에서는 주차할 공간 찾기가 어렵지만, 대중교통을 이용하면 차에서 내리자마자 아무 곳이나 이동 가능하다.

지구를 건강하게
탄소중립 7단어

05

다섯 번째 단어
바다와 갯벌

다섯 번째 단어
바다와 갯벌

'지구의 허파'라고 부르는 곳이 어디인가요?
아직도 아마존 열대우림을 떠올리는 건 아니겠죠?
지구의 허파는 바로 바다입니다. 바다는 지구 면적의 70% 이상을 차지하며, 지구에서 만들어지는 산소의 절반 이상이 숲이 아닌 바다에서 만들어지거든요. 그만큼 바다가 중요하다는 뜻이에요.

서해안 갯벌

이런 점을 볼 때, 대한민국은 탄소중립에 굉장히 유리한 장점이 있어요. 삼면이 바다로 둘러싸여 있잖아요. 그런데 바다가 왜 탄소중립에 중요한지 잘 모르겠다고요? 지금부터 바다가 탄소중립에 왜 중요한지, 바다가 있으면 탄소중립에 왜 더 유리한지 하나씩 살펴볼게요.

착한 이산화탄소와 나쁜 이산화탄소를 부르는 이름

이산화탄소를 부르는 특별한 애칭이 있어요. 색깔을 넣어 블랙카본, 블루카본, 그린카본으로 부르거든요. 그린카본은 어디선가 들어봤는데, 블랙카본과 블루카본은 처음이라고요?

✅ 블랙카본

석탄, 석유 등의 화석연료가 불완전연소할 때 먼지, 분진, 검은 그을음 등의 고형입자로 탄소가 배출된다. 블랙카본은 이산화탄소의 형태로 대기에 배출되어 온실효과를 일으킴으로써 지구온난화를 유발하고 기후변화에 영향을 미친다.

✅ 그린카본

숲, 나무, 열대우림 같은 육상 생태계가 흡수한 탄소이다. 나무는 광합성 과정을 거쳐 이산화탄소를 흡수·저장하고, 산소를 배출함으로써 대기를 정화하고 생태계를 유지하는 데 중요한 역할을 한다.

✅ 블루카본

바다와 습지 등 해양생태계가 흡수하는 탄소를 뜻한다. 바다에 서식하는 해조류와 산호초, 어패류 같은 생물, 염습지에서 자라는 염생식물, 바닷가에 인접한 숲 등에서 탄소를 흡수한다. 블루카본은 탄소의 흡수 속도가 육상 생태계 즉, 그린카본보다 최대 50배 이상이 빠르고, 수천 년 동안 탄소를 저장할 수 있다. 대표적인 블루카본으로는 갯벌, 염습지, 잘피림, 맹그로브 숲 등이 있다. 특히 맹그로브 숲은 탄소 흡수량이 일반 밀림보다 5배 이상 높다.

블랙카본은 이산화탄소 배출과 관련 있고, 그린카본, 블루카본은 이산화탄소 흡수와 관련 있어요. 그리고 그린카본보다 블루카본의 흡수량이 월등히 뛰어나요.

블루카본의 흡수능력이 뛰어난 이유는 뭘까요?

해양생태계는 물에 잠겨 있어서 유기물을 분해하는 박테리아가 탄소를 배출하는 호흡이 불가능해요. 따라서 이산화탄소가 밖으로 나올 수 없고, 유기물과 함께 갯벌이나 바닷속 토양에 저장되기 때문이에요. 반대로 육지 숲에서는 토양 속 박테리아가 유기물을 분해하는 과정에서 산소를 사용하고 이산화탄소를 배출하거든요. 이런 점 때문에 블루카본이 그린카본보다 더 많은 탄소를 저장할 수 있어요.

바다에서 누가 산소를 만들까?

식물성 플랑크톤은 지구에서 산소를 가장 많이 만들어 내요. 단세포 생물인 플랑크톤은 육상 식물처럼 광합성을 할 수 있거든요.

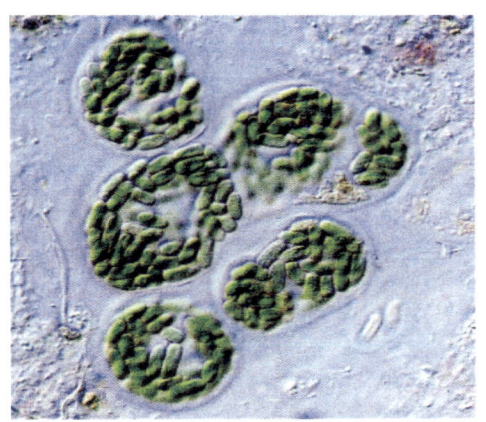

식물성 플랑크톤 - 시아노박테리아

식물성 플랑크톤 종류는 4가지가 있어요. 규조류, 녹조류, 와편모류, 시아노박테리아예요. 바다에 사는 식물성 플랑크톤은 0.6~4,000㎛의 크기의 광합성 생물로 해류에 의해 이동해요. 식물성 플랑크톤은 햇빛이 도달하는 얕은 바다에 살아요. 너무 깊은 바다에서는 볼 수 없어요. 우리나라의 해양 식물성 플랑크톤은 규조류 760여 종, 와편모류가 190여 종으로 총 950종 이상으로 매우 다양하게 있어요.

식물성 플랑크톤은 광합성을 하면서 바닷물에 녹은 이산화탄소를 흡수하고 양분을 만들어 내면서 산소를 배출해요. 대기 중 절반 이상의 산소를 식물성 플랑크톤이 만들어 내죠.

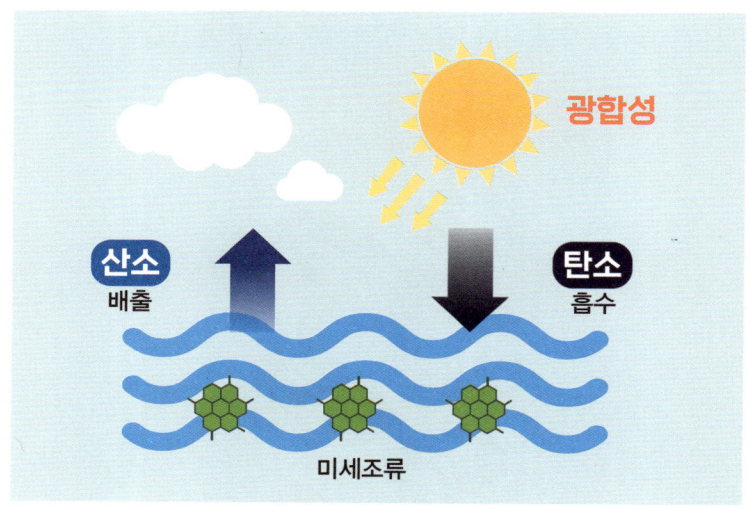

미세조류(플랑크톤)의 탄소 흡수 원리

식물성 플랑크톤은 해양생태계에서 아주 중요한 역할을 해요. 동물성 플랑크톤뿐 아니라 작은 물고기부터 고래까지 다양한 생물의 먹잇감이 되거든요. 그런데 식물성 플랑크톤이 점점 사라지고 있어요.

캐나다의 연구진에 의하면 지난 60년간 지구상 대부분의 바다에서 식물성 플랑크톤이 감소했다고 해요. 1년에 약 1%씩 감소했죠. 식물성 플랑크톤이 줄어들면 동물성 플랑크톤에게 먼저 피해가 가면서 차례로 큰 물고기까지 올라가 먹이사슬에 영향을 미치잖아요. 게다가 산소 발생까지 줄어들 거고요.

식물성 플랑크톤이 감소하는 가장 큰 이유는 지구온난화라고 해요. 인류의 무분별한 개발과 물질만능주의가 만들어 낸 결과가 눈에 보이지도 않는 플랑크톤에서부터 해양생물 모두에게 영향을 미친다니 상상만 해도 너무 끔찍해요.

고래와 고래밥

고래는 숨을 쉴 때마다 엄청난 양의 이산화탄소를 몸속에 저장해요. 고래 몸속의 지방과 단백질 사이에 이산화탄소를 겹겹이 쌓아두거든요. 덩치가 큰 고래 한 마리가 살아있는 동안 무려 33t의 이산화탄소를 흡수하며, 죽어서도 바다 밑에 가라앉아 수백 년간 탄소를 저장해요. 나무 한 그루가 평생 흡수하는 이산화탄소량이 대략 22kg인데, 대형 고래 한 마리가 저장하는 33t은 나무 1,500그루와 맞먹어요. 1년으로 계산해보면, 고래의 죽음으로 약 29,000t의 탄소가 해저로 이동해요.

　이뿐만 아니라 고래 배설물은 식물성 플랑크톤의 성장을 도와줘요. 식물성 플랑크톤은 광합성 과정에서 탄소를 흡수하고 산소를 배출해요.

　과학자들은 고래의 몸 자체를 '탄소의 저장고'라고 불러요. 덩치가 커서 탄소를 많이 가지고 있는 데다 100년을 넘게 살기도 해서, 탄소 저장 능력이 매우 뛰어나요.

　고래를 보호하는 것은 기후 위기를 극복하는 방법일 수 있어요. 만약, 고래 숫자가 예전만큼 늘어나면 고래 낙하를 통해 연간 16만t의 탄소를 추가로 해저에 격리할 수 있다고 봤어요. 축구장 2,800개 정도의 면적(20㎢)의 숲이 탄소를 흡수하는 양과 맞먹어요.

크릴새우

덩치가 큰 수염고래는 무엇을 먹고살까요?

크릴이라는 아주 작은 플랑크톤이에요. 수염고래는 입을 크게 벌리고 수만~수십만 마리의 크릴을 빨아들여요. 그러고는 긴 수염 사이로 물이 빠져나오면 크릴을 먹지요. 크릴은 몸의 평균 길이는 6cm 정도밖에 되지 않는 갑각류의 일종이에요. 먹이사슬 최하단에 있어 펭귄, 물개, 고래, 바닷새, 물고기, 오징어 등 남극에 사는 동물 대부분을 먹여 살려요.

이뿐만 아니라 크릴은 탄소 흡수를 굉장히 잘해요. 크릴은 식물성 플랑크톤을 먹고 깊은 바다로 내려가 숨어 있어요. 이때 많은 양의 유기물을 심해로 함께 이동시키죠. 크릴이 똥을 누면 이산화탄소까지 같이 나와 저장이 돼요. 영국 남극 자연환경연구소는 크릴이 1년 동안 흡수 저장하는 탄소의 양이 2,300만 톤에 달한다고 추정했어요.

언젠가부터 남극에서 크릴을 잡기 시작했어요. 사료, 건강식품, 낚시 미끼 등에 쓰기 위해서죠. 크릴의 남획이 심해지자, 1993년 국제사회가 남극해양생물자원보존위원회(CCAMLR)를 통해 크릴 어획에 대한 규제를 만들었어요. 하지만 크릴을 잡는 어선이 크게 줄어들지 않았어요. 지난 40년간 크릴은 70%나 줄었거든요.

크릴의 감소는 고스란히 해양생물의 피해로 이어져요. 바닷속 해양생물은 서로 밀접하게 연관을 지으며 살아가거든요.

바닷속에 사는 많은 해양생물이 호흡·배변 활동을 하거나 탄소를 지닌 사체로 심해에 가라앉으면서 탄소가 깊은 바다에 저장해요. 이것을 생물 펌프라고 하죠. 생물 펌프 작용으로 깊은 바다에 연간 16억 5천만 톤의 탄소가 저장돼요. 정말 대단하죠?

바다는 이산화탄소를 어떻게 흡수할까?

바다와 해양생물이 이산화탄소를 흡수하는 방법은 3가지예요. 바로 용해 펌프, 생물 펌프, 역학 펌프로 구분하죠. 생물 펌프는 바로 앞에서 보았죠? 단어가 조금 어렵게 생소해서 어렵게 보일 수도 있지만, 내용은 굉장히 쉬워요.

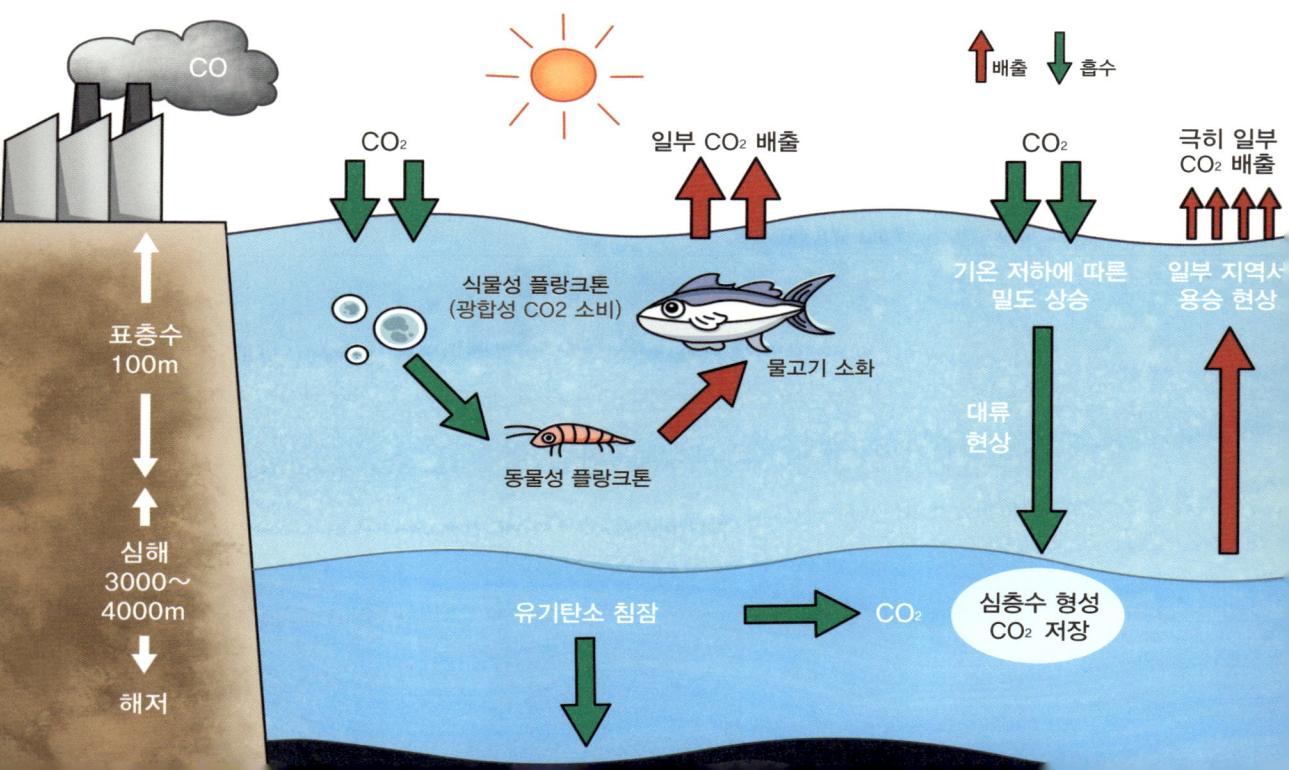

용해 펌프는 공기 중의 탄소가 물에 녹는 것이에요. 역학 펌프는 남극이나 북극지방의 찬 바닷물이 깊은 바다로 내려가는 것이고요. 생물 펌프는 고래나 크릴을 생각하면 돼요. 별로 안 어렵조?

✓ 용해 펌프
해양 탄소의 공급은 대기의 이산화탄소가 표층 해수로 녹아들면서 시작한다. 대기와 해양 간 이산화탄소의 이동 방향은 대기와 해양의 이산화탄소 농도 차에 의해 발생한다. 즉, 대기의 이산화탄소 농도가 해양 표면의 이산화탄소 농도보다 높아지면 대기에서 해양으로 이산화탄소가 용해되며 이동한다. 반대로 해양 표면의 이산화탄소 농도가 높아지면 대기로 방출된다. 바람 세기, 해수 온도, 염분 등도 영향을 미친다.

✓ 생물 펌프
해수로 들어온 탄소가 식물성 플랑크톤이나 유공충, 고래 같은 생물에 의해 심층으로 이동하는 것을 말한다. 식물성 플랑크톤은 광합성을 하면서 무기 탄소를 유기물로 변화시킨다. 식물성 플랑크톤은 바다의 먹이사슬을 따라 이동하면서 배설물이나 생물의 유해로 심해에 가라앉는다. 1,000m 정도 내려가면서 유기물 대부분은 산화·분해되고, 극히 일부분의 유기물만 해저에 도달한다. 유공충과 같은 생물도 껍질을 만들 때 탄소를 사용하고, 사후에 가라앉으면서 심해에 탄소를 저장한다. 고래 역시 죽으면서 엄청난 양의 이산화탄소를 가지고 심해에 가라앉는다.

✓ 역학 펌프
해수에 녹은 탄소가 표층에서 심층으로 내려가는 해수를 따라 이동하는 것이다. 주로 극지방 같은 곳의 심층수가 형성되는 지역에서 일어난다.

최고의 탄소흡수원 - 갯벌

갯벌의 탄소 흡수 능력은 매우 뛰어나요. 갯벌은 지구 지표면의 약 6% 정도를 차지하지만, 지상에 존재하는 탄소의 40% 이상을 저장할 수 있거든요. 전 세계 육상 숲은 104억 톤을 저장했지만, 블루카본은 108억 톤을 흡수했어요. 게다가 흡수 속도가 육상보다 50배 더 빨라요. 또한 나무는 자랄수록 흡수 능력이 떨어지지만, 해양은 꾸준한 탄소 흡수가 가능하죠. 정말 뛰어난 탄소흡수원이죠.

우리나라 전체 갯벌은 연간 26만 톤의 이산화탄소를 흡수한다고 해요. 이 양은 자동차 11만 대가 배출하는 양과 같아요. 게다가 지금까지 약 1,300만 톤의 탄소를 저장했어요. 갯벌 같은 습지는 탄소를 땅속에 가둬 기후변화를 막는 데 중요한 역할을 해요.

숲과 갯벌의 탄소 흡수 능력을 비교해보면, 우리나라 전체 숲 면적은 63,350㎢이며, 연안 습지의 면적은 2,487㎢예요. 우리나라 전체 면적의 63.7%가 숲이고 연안 습지 면적은 2.5%밖에 되지 않아요. 하지만 숲보다 연안 습지가 많은 탄소를 저장해요.

갯벌에 사는 해양생물 또한 이산화탄소를 줄이는 데 큰 역할을 해요. 조개, 성게, 산호와 같은 해양생물은 탄산칼슘으로 구성된 딱딱한 껍질과 튼튼한 골격을 만들기 위해 바닷속의 탄산 이온을 사용하거든요.

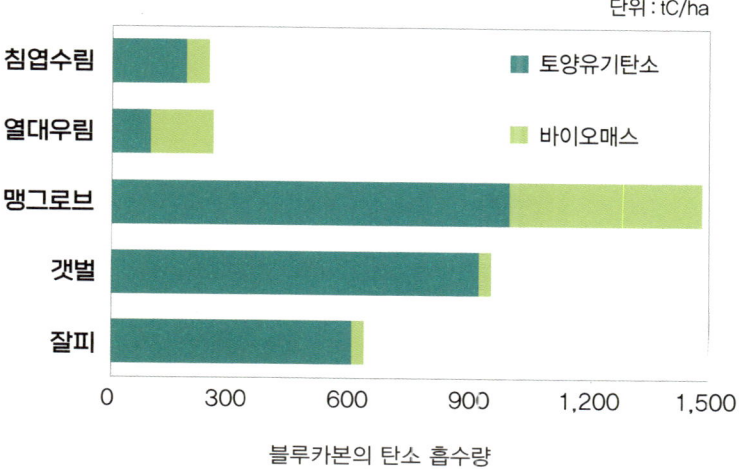

블루카본의 탄소 흡수량

탄산 이온이 뭐냐고요? 콜라, 사이다 같은 음료를 탄산음료라 하잖아요. 게다가 물에 탄산을 넣을 것을 탄산수라고 불러요. 이처럼 이산화탄소가 물에 녹아 있는 상태를 탄산 이온이라고 불러요.

지구온난화로 바다가 산성화되어 탄산 이온 농도가 낮아지면 조개 같은 해양생물은 탄산칼슘 형성이 어려워져 껍질이나 골격을 만들 수 없고, 숫자가 점점 줄어들어요.

우리나라 갯벌은 간척사업으로 인해 많이 사라졌어요. 1970년 기준으로 대략 50% 정도의 갯벌이 사라졌거든요.

2023년, 세계스카우트잼버리 대회가 열린 곳도 갯벌을 메워 만든 간척지예요. 새만금 방조제는 총길이가 33.9km로 세계에서 가장 긴 방조제로 기네스북에 올랐어요.

　방조제 건설로 인해 전라북도 군산시·김제시·부안군에 있는 갯벌 401㎢(토지 283㎢, 담수호 118㎢)가 육지로 바뀌었어요.
　서울 면적의 3분의 2(여의도 면적의 140배)에 이르는 넓은 갯벌이 사라졌어요. 간척지 조성으로 인해 우리나라의 국토 면적은 100,140㎢에서 100,541㎢로 0.4% 늘었어요. 하지만 드넓은 갯벌이 단번에 사라졌죠.

갯벌을 매워 만든 간척지와 방조제

이렇게 사라진 갯벌이 꽤 많아요. 김포갯벌(김포매립지), 천수만갯벌(서산A·B지구), 시흥-화성갯벌(시화호), 영종-용유도갯벌(인천국제공항), 인천송도갯벌(송도신도시), 남양만갯벌(화옹호), 만경-동진강갯벌(새만금) 등이 개발로 사라졌어요.

이런 개발은 얻는 것보다 잃는 게 더 많아요. 갯벌은 탄소 저장도 잘하지만, 특별한 능력이 또 있거든요.

NetZero GO! GO! GO! 갯벌의 역할

✅ 탄소를 흡수하고 오염물질을 정화한다.

갯벌은 연안 식물과 퇴적물을 통해 지구온난화의 주원인인 탄소를 빠르게 흡수한다. 또한, 강에서 흘러온 영양염류나 오염물질을 염생식물이 붙잡아 유속을 떨어뜨리며 부유물을 퇴적시킨다. 갈대나 부들 같은 식물이 최대 95% 정도의 수중 부유 물질을 제거하며 물을 여과시킨다.

✅ 갯벌은 다양한 생물의 서식지이다.

갯벌은 생물 생산성이 굉장히 높은 생태계이다. 육지에서 유입되는 다양한 영양분 덕분에 갯벌에는 많은 생물이 서식한다. 갯벌의 시작점 부근에는 소금기가 있는 땅에서 서식하는 염생식물이 있다. 마디가 퉁퉁하게 나온 퉁퉁마디, 칠면조처럼 색이 변한다는 칠면초 등이 산다. 염생식물은 갯벌 생태계에서 가장 기초가 되는 생물이자 저서생물의 서식지 역할을 한다. 또한, 갯벌과 갯바위에는 게, 조개, 물고기 등 다양한 생물이 산다. 덕분에 호주와 시베리아로 오가는 철새의 중간 기착지이자 많은 바닷새의 서식지 역할을 한다. 우리나라 갯벌에서 검은부리물떼새, 알락꼬리마도요 등 세계적인 멸종위기종을 볼 수 있다.

✓ 염전, 양식장 등 어업 활동의 좋은 공간이다.

갯벌은 어민에게 어업 활동을 할 수 있는 생활 터전이다. 우리나라 전체 갯벌 면적 중 40%에서 어업 활동이 이뤄진다.

우리나라에는 서남해안에 갯벌이 많지만, 세계적으로 갯벌이 있는 나라는 많지 않아요. 특히, 우리나라 갯벌은 세계 5대 갯벌로 선정될 만큼 세계적으로 유명해요.

세계 5대 갯벌

① 캐나다 동부 연안 갯벌 : 바다표범 서식지로 유명하다.
② 미국 동부 조지아 연안 갯벌 : 넓은 해안 염습지가 발달해 있다.
③ 아마존 하구 갯벌 : 강 하구 약 1,600㎞에 이르는 갯벌이 있다.
④ 북해 연안 갯벌 : 해조류와 영양염류가 풍부하고 물새, 물개, 바다표범의 서식지이다.
⑤ 우리나라 서해안 갯벌 : 완만한 경사에 얕은 수심, 큰 조차 등 갯벌 발달의 모든 요건을 갖추고 있으며, 해산물이 풍부해 많은 조류가 서식하며 주요 철새 이동 경로 중 하나이다. 2021년 유네스코 세계자연유산에 한국의 갯벌이 선정되었다.

한국의 많은 갯벌 중 서천갯벌, 고창갯벌, 신안갯벌, 보성·순천갯벌은 2021년 유네스코에서 세계자연유산으로 지정하였어요. 한국의 갯벌은 지구 생물 다양성의 보전을 위해 전 지구적으로 가장 중요하고 의미 있는 서식지 중 한 곳이거든요. 또한 국제적으로 멸종위기에 속한 철새의 중간 기착지로 아주 중요한 곳이에요.

우리나라 갯벌에는 다양한 생물이 살아요. 이동성 물새 102종을 포함하여 2,169종의 동식물이 서식하거든요. 특히, 47종의 고유종, 5종의 멸종위기 해양 무척추동물 종, 27종의 국제적 위협 또는 준위협(near-threatened) 상태의 이동성 물새 종이 우리나라 갯벌에서 서식해요.

갯벌 집중 탐구

갯벌은 하루에 한 번 물이 빠지고 다시 들어와요. 바닷물 수위가 제일 높을 때를 '최고 조선'이라 하고, 제일 낮아질 때를 '최저 조선'이라고 해요.
　갯벌 지형은 바닷물이 들고 나가는 것에 따라 조하대, 조상대, 조간대로 나눠요. 조상대는 최고 조선 위의 항상 물 밖에 드러나 있는 부분으로 공기 중에 늘 노출되어 있어요. 갯강구, 총알고둥, 삿갓조개 등이 서식해요. 조간대는 조하대와 조상대 사이 지형으로 밀물과 썰물이 바뀌며 파도가 실어 온 퇴적물이 쌓이는 지형이에요. 넓은 조간대에는 따개비, 총알고둥, 삿갓조개, 갈파래, 담치, 전복, 거미 불가사리, 말미잘, 해조류 등 다양한 생물이 살지요.

조하대는 최저 조선 아래에 위치하여 만조, 간조에 상관없이 항상 물에 잠겨 있어요. 해조류가 살기 좋은 환경이에요.

● 염습지

갯벌이 시작하는 염습지에는 갈대, 칠면초 등 다양한 염생식물이 자라요. 염생식물은 광합성을 하면서 이산화탄소를 흡수하여 퇴적층에 가두죠. 갯벌의 퇴적층은 산소가 거의 없는 상태의 환경이기 때문에 탄소는 이산화탄소로 분해되지 않은 그대로 갯벌 토양에 저장돼요. 숲보다 최대 50배 정도 빠르게 저장하죠.

염생식물이란, 소금기가 있는 땅에서 잘 자라는 식물을 말해요. 강, 갯벌, 하구의 연안 습지, 해안 모래언덕(사구), 염전, 간척지 등에서 염생식물을 볼 수 있어요. 주요 염생식물에는 갈대, 갯잔디, 갯메꽃, 갯방풍, 나문재, 칠면초, 퉁퉁마디, 순비기나무, 해홍나물, 통보리사초, 좀보리사초, 갯쑥부쟁이 등이 있어요.

염생식물은 탄소 흡수 능력이 탁월한 것 외에도 다양한 능력이 있어요. 육지에서 흘러드는 오염물질을 정화해서 바다로 보내요. 또한, 뿌리를 넓게 뻗어 육지와 갯벌이 만나는 곳을 파도에 쓸려가지 않게 지켜줘요. 염생식물이 자라는 곳은 동물의 먹이가 많아요. 이곳은 저서생물의 서식처이자, 철새에게는 먹이와 은신처를 제공해줘요.

갯벌이 시작하는 곳에 자라는 갈대

● **맹그로브 숲**

맹그로브도 염생식물 못지않은 뛰어난 흡수원이에요. 탄소 저장 능력이 육지 숲보다 5배 이상 뛰어나거든요.

우리나라에는 거의 없지만, 열대지방 해안가에서는 쉽게 볼 수 있는 나무예요. 맹그로브는 파도가 없는 물가, 얕은 바닷가에서 자라며, 태풍, 해일, 쓰나미 같은 해안의 자연재해를 예방하는 완충림 역할을 해요. 굵은 뿌리를 그물처럼 물속에 내려 땅을 꽉 잡아주거든요. 하지만 개발로 인해 많은 맹그로브 숲이 사라졌어요.

전 세계 맹그로브 숲의 규모는 약 15만 ㎢로 한반도 면적의 2/3 정도 되죠. 하지만 1965년부터 2001년 사이 전 세계 맹그로브 숲의 절반 정도가 사라졌어요. 특히, 동남아 지역에서 맹그로브 숲이 더 빠르게 사라졌죠. 우리 식탁에 자주 오르는 흰다리새우와 블랙타이거 새우를 키우기 위해 양식장을 만들었기 때문이에요.

고작 새우 때문이라고요?

맞아요. 맹그로브가 자라는 숲은 천연 영양분이 많아 새우 양식에 적합했거든요.

맹그로브 숲

동남아 지역에서는 저렴한 비용으로 수출용 새우를 키우기 위해 맹그로브 숲을 없애고 양식장을 만들어요. 3~4년이 지나면 물에 독성 물질이 쌓이고, 전염성 세균에 오염되기 때문에 양식장은 새우를 키울 수 없는 환경으로 바뀌어요. 양식업자는 다른 곳으로 이동하여 맹그로브 숲을 파괴하고 새우 양식장을 또 만들어요.

2018년, 인도네시아의 환경산림부는 맹그로브 숲 파괴 속도가 세계에서 가장 빠르다고 발표했어요. 인도네시아에서만 매주 축구장 3개 면적의 맹그로브 숲이 사라지기 때문이에요. 지진 쓰나미로 피해가 가장 큰 팔루와 동갈라 지역도 맹그로브 숲이 훼손·파괴된 곳이에요. 새우 양식 때문이에요.

블랙타이거 새우의 양식장은 태국, 베트남, 인도네시아 등 동남아에 몰려 있어요. 게다가 흰다리새우와 블랙타이거 새우는 세계적으로 수요가 많은 수산물이에요. 하지만 맹그로브 숲의 가치를 안다면 흰다리새우와

연안생태계를 파괴하고 만든 새우양식장

블랙타이거 새우를 먹지 말아야 해요. 흰다리새우와 블랙타이거 새우를 먹는 사람이 많아질수록 맹그로브 숲은 더 빨리 사라져 지구의 기후변화를 더 빨리 앞당길 거예요. 게다가 지진·쓰나미 피해도 더 커질 거예요.

맹그로브 숲 1만 ㎡는 연간 1,472t의 이산화탄소를 흡수해요. 갈대(0.91t), 잘피(0.43t) 보다 훨씬 뛰어나죠. 갈대, 잘피 등에 비해 뿌리가 깊은 데다 울창한 숲을 이루기 때문이에요. 게다가 맹그로브 숲의 성장 속도는 매우 빨라요. 침엽수림이나 활엽수림을 조성하는데 50~100년이 걸리지만, 맹그로브 숲은 제대로 심어 관리하면 단 몇 년 만에 울창한 숲을 조성할 수 있어요. 어떤 학자는 지구의 탄소를 포획하는 최상의 방법으로 맹그로브 숲을 만들자고 주장했어요.

● 바다숲

육지에 숲이 있듯 바다에도 숲이 있어요. 잘피, 감태, 미역, 다시마 등이 숲처럼 자라거든요. 바다숲도 탄소 흡수 능력이 매우 뛰어나요.

먼저 해초류인 잘피의 탄소 흡수 능력부터 살펴볼게요.

잘피림은 국제단체(IPCC, 기후변화에 관한 정부 간 패널)에서 10,000㎡당 연간 약 300~500t의 탄소를 흡수한다고 밝혔어요. 잘피림은 육상의 숲보다 50배 이상의 이산화탄소 흡수 능력을 가졌거든요.

해초류는 해양에 사는 현화식물(꽃을 피우는 식물)의 일종으로 줄기가 뿌리처럼 퇴적물 속에서 생장해요. 전 세계적으로 약 60종이 있으며 해초류 대부분은 열대지방에서 서식해요.

　우리나라 인근에는 잘피과에 속하는 잘피(Zostera)와 말잘피(Phylospadix)가 있어요. 잘피는 퇴적물이 펄이나 모래로 이루어진 얕은 만에 큰 무리를 이루어 살아요. 경남 하동이나 전남 완도 인근의 파도가 많이 치지 않는 곳에 잘피림을 볼 수 있어요.

　해조류의 탄소 흡수 능력도 매우 뛰어나요. 조류는 꽃을 피우지 않는 은화식물이며 물속에서 광합성을 하죠. 바다의 깊이와 색깔에 따라 녹조류, 갈조류, 홍조류로 구분하지요. 해조류는 전 세계적으로 약 8,000종, 한국 근해에는 약 500종이 있어요. 성게, 전복, 소라 등의 바다 생물이 해조류를 먹어요.

대서양, 태평양에서 자라는 블래더랙이라는 뜸부기과(Fucaceae)의 갈조류가 있어요. 블래더랙의 탄소 흡수 능력에 대해 독일에서 연구한 결과를 보면, 갈조류가 연간 약 5억 5,000만 톤의 이산화탄소를 공기 중에서 흡수한다고 해요. 이 양은 우리나라가 1년 동안 배출하는 온실가스양의 약 80% 정도 되죠.

갯벌, 황무지 등을 개발해 아파트, 상업시설,
공장을 세우면 경제가 발전하지만, 환경은 나빠집니다.
이런 개발을 계속해야 할까요?

개발 찬성

경제 성장 및 일자리 창출 갯벌과 황무지를 메워 아파트, 상업시설, 공장을 설립하면 투자 유치, 고용 창출 등의 경제적 효과를 기대할 수 있다. 이것은 지역 경제 활성화에 기여하고 국민 삶의 질 향상을 이끌 수 있다.

사회 기반 시설 확충 갯벌과 황무지 개발 과정에서 도로, 철도, 병원, 학교 등의 사회 기반 시설을 함께 만들어야 한다. 이것은 지역 주민의 편의를 증진하고 삶의 질 향상에 도움을 준다.

재난 예방 및 안전 확보 갯벌을 메워 간척지, 방파제 등을 조성하면 해안 침식, 홍수, 지진 등의 자연 재난 예방을 줄일 수 있다. 또한, 안전한 주거 환경 조성에 도움이 된다.

기후 변화 악화 갯벌과 황무지는 탄소를 저장한다. 이것은 온실가스 배출에 도움이 되지 않으며 지구온난화를 가속시켜 기후 변화를 악화시킨다.

환경 파괴 및 생태계 붕괴 갯벌과 황무지 개발은 하양 생태계, 습지 생태계 등의 자연환경을 파괴하고, 생물 다양성을 감소시킬 수 있다. 이것은 생태계 붕괴를 초래하고 자연재해 발생 위험을 높일 수 있다.

토양 오염 및 수질 오염 토양 오염, 수질 오염은 주변 환경에 악영향을 미칠 수 있다. 이것은 다시 복구하려면 시간이 오래 걸리고 엄청난 비용이 들어간다.

지구를 건강하게
탄소중립 7단어

여섯 번째 단어
에너지

06

여섯 번째 단어
에너지

 탄소중립의 성공은 에너지에 달려있다고 하죠. 대한민국 전체 온실가스 배출량 중 약 37%가 에너지 생산 부문에서 발생할 만큼 온실가스 배출이 많거든요. 2018년 에너지(전환) 부문의 온실가스 배출량은 269.6백만 톤이었어요. 게다가 전력 사용이 계속 늘면서 온실가스 배출도 함께 증가했어요. 우리나라 전체 전력 소비량은 2018년 기준으로 570.6TWh였어요.

 전력 사용량은 갈수록 늘어나는데 대한민국은 2050년 탄소중립을 달성할 수 있을까요?

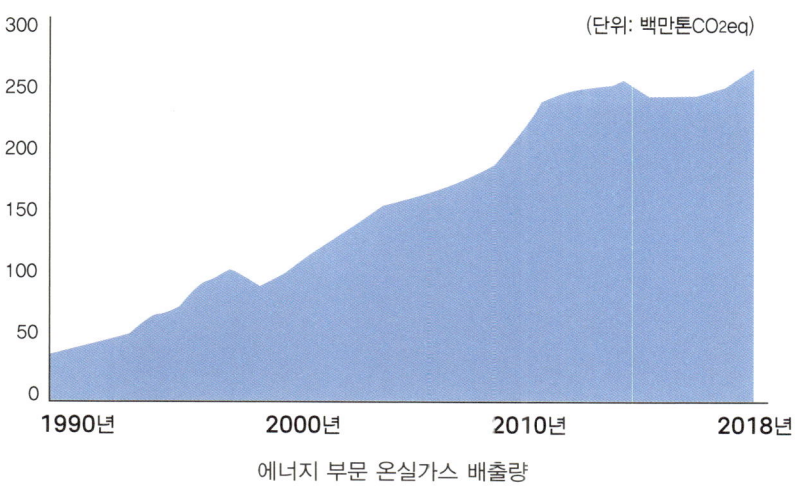

에너지 부문 온실가스 배출량

우리나라에는 어떤 발전소가 가장 많을까?

우리나라에서 전기를 생산할 때 화석연료를 많이 사용해요. 연료별로 살펴보면 석탄이 가장 큰 비중을 차지했고(40%), 원자력과 가스(LNG)는 각각 20%대, 신·재생에너지는 6.2%였어요.

2020년 전후로 신·재생에너지 발전소가 조금씩 늘어났어요. 2021년에는 약 43.1TWh까지 늘어났고, 화석연료 발전은 점점 줄어들 전망이에요. 게다가 2021년 10월, 대한민국은 미세먼지 저감과 온실가스 감축을 위해 모든 석탄화력발전소를 폐쇄하겠다고 발표했어요.

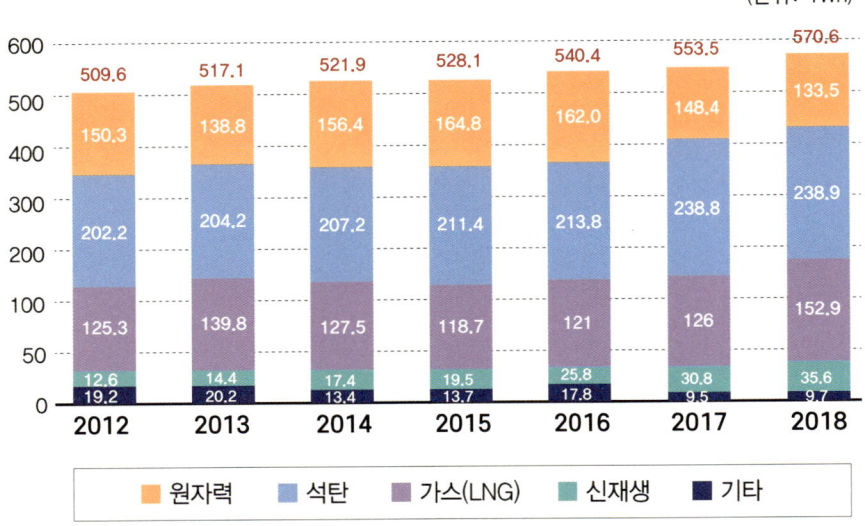

전력 생산량과 에너지원 비중

에너지(전환) 부문에서 탄소 배출을 더 줄이려면 어떻게 해야 할까요?

어떤 나라든 한 가지 연료로만 전기를 생산하지 않아요. 자기 나라에서 가장 구하기 쉬운 다양한 연료로 전기를 생산하거든요. 우리나라는 전기를 어떤 원료로 생산할까요?

2020년까지 석탄, 원자력, 천연가스 순서로 많이 사용했어요. 이처럼 전기를 생산할 때 다양한 원료를 섞어서 전기를 생산해요. 이것을 '에너지믹스'라고 불러요.

NetZero GO! GO! GO!
전기를 생산할 때 온실가스 배출을 줄이는 방법

✅ 석탄 발전의 중단
경제성이 뛰어난 장점이 있지만 온실가스 배출, 질소산화물 배출, 미세먼지 발생 등의 환경문제를 발생시킨다. 석탄발전소는 그린수소 또는 LNG 발전으로 전환할 수 있다.

✅ 재생에너지의 확대
온실가스 배출이 없는 친환경에너지로 전력 생산량을 늘려야 한다.

✅ 원자력 발전
경제성이 뛰어나지만 안전에 대한 문제가 가장 큰 걸림돌이다.
안전성을 확보하기 위한 꾸준한 기술개발이 필요하다.

✅ 수소 기반 발전
에너지 효율이 높고, 온실가스를 배출하지 않는 친환경 연료이다.
경제성과 기술개발로 대중화를 앞당기는 것이 시급하다.

에너지믹스는 나라별 자원·환경·경제 등에 따라 결정해요.

석탄이 많은 나라에서는 화력발전을 많이 하지만, 강이 많은 나라에서는 수력발전이 더 많아요.

어떤 나라도 한 가지 방식만을 고집하지 않아요.

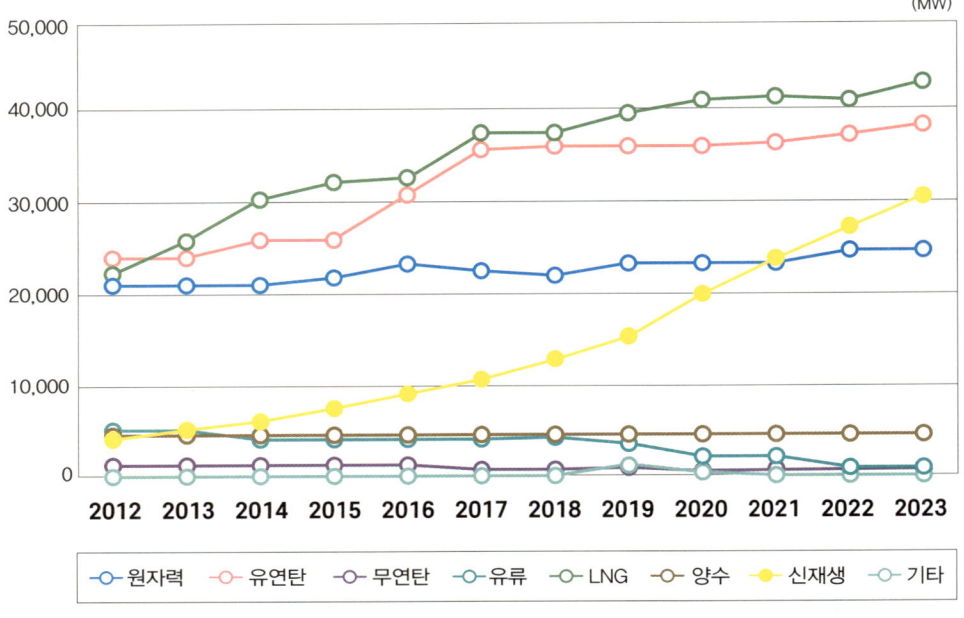

연료원별 전력 통계(출처: 전력 통계정보시스템)

미국, 필리핀, 인도네시아 같은 나라는 지열발전 비중이 꽤 높아요. 주변에 활화산이 많아 뜨거운 증기를 땅속에서 바로 뽑아낼 수 있거든요. 우리나라에는 수력발전 비중이 아주 낮지만, 강과 호수가 많은 나라는 수력발전으로 전기를 생산해요.

왜 이런 식으로 다양한 연료를 사용해서 전기를 생산할까요?

전기는 일정량을 꾸준하게 생산해야만 사용자가 안정적으로 사용할 수 있기 때문이에요. 그런데 최근 많은 나라가 에너지믹스를 바꾸고 있어요. 지구온난화를 막기 위해 탄소중립을 달성해야 하거든요.

세계 최대 규모의 수력발전소 중국 싼샤댐(설비용량이 2,250kW로 일반적인 원자력 발전소 용량의 23배)

    에너지믹스를 보면서, 내가 대통령이 된다면 어떻게 에너지믹스를 구성할지 한번 생각해봤어요.

    내가 에너지믹스를 결정하는 사람이라면 태양 에너지, 지열 에너지, 해양 에너지, 풍력 에너지, 바이오 에너지, 수소 에너지만 사용해서 모두 친환경에너지로 발전할 것 같아요. 지열 에너지, 해양 에너지, 바이오 에너지, 수소 에너지를 중심으로 하고, 태양광발전과 풍력발전은 수소를 생산할 때 사용하면 전기를 안정하게 공급할 수 있거든요. 친환경에너지로 에너지믹스를 구성하면 온실가스를 배출하지 않는 장점이 있잖아요. 원자력발전을 사용하지 않는 이유는 핵폐기물을 처리할 수 없고, 원전 사고가 발생하면 너무 위험하기 때문이에요.

지금은 비록 화석연료를 많이 쓰지만 미래에는 친환경에너지를 썼으면 좋겠다는 바람으로 나만의 에너지믹스를 생각해 봤어요. 여러분도 같이 고민해봤으면 좋겠어요.

아직도 화력발전소가 쌩쌩 돌아간다고?

화석연료를 태우면 온실가스가 발생한다는 것을 이제 모르는 사람은 없을 거예요. 하지만 아직도 화석연료를 사용해 전기를 생산한다는 사실이 너무 안타까워요. 게다가 대한민국은 화석연료를 아주 많이 사용해요. 2017년, 대한민국은 석유 수입 세계 5위, 석탄 수입 4위, 가스 수입 6위를 기록했거든요.

● 석탄화력발전

석탄화력발전은 석탄을 태워서 얻은 열로 고압의 수증기를 만들고 이 증기로 터빈을 돌려서 전기를 생산해요. 터빈을 돌리고 나온 증기를 식히기 위해 거대한 냉각탑이나 많은 양의 냉각수가 필요하죠. 게다가 냉각되는 열을 버려야 하므로 효율은 40% 미만으로 낮은 편이에요.

석탄화력발전소는 많은 양의 냉각수가 필요하므로 물이 많은 바닷가 근처에 많아요. 우리나라에 석탄화석발전소가 어디 있는지 잘 살펴보세요. 대부분 바닷가 근처에 있잖아요.

많은 나라에서 석탄화력발전을 이용해 전기를 생산하는 이유는 뭘까요?

석탄의 장점
① **신뢰성**: 전력 수요가 많을 때, 전력을 신속하게 공급할 수 있다.
② **경제성**: 다른 에너지보다 채굴비가 저렴하고 발전단가도 낮은 편이다.
③ **풍부한 자원량**: 석탄 매장량은 약 300년 이상 채굴할 수 있을 정도이다.
④ **기술력**: 오랜 기간 운영하면서 기술을 발전시켰다.

이런 장점 때문에 석탄을 많이 쓰지만 전 세계적으로 석탄화력발전소의 운영을 점점 중단하고 있어요. 석탄의 치명적 단점 때문이에요. 석탄을 태울 때, 탄소와 산소의 결합으로 이산화탄소가 발생하며, 이산화질소, 이산화황 등의 오염물질을 배출하거든요.

이산화질소는 폐렴, 폐출혈, 폐부종, 만성기관지염 등을 유발할 수 있어요. 이산화황은 눈, 코, 기관지 등에 염증을 일으키고, 계속 노출되면 폐렴, 천식, 폐기종, 기관지염 등을 일으켜요. 또한, 이 두 성분을 포함하는 황산화물과 질소산화물은 세계보건기구(WHO) 1군 발암물질로 대기 중에서 화학 반응을 일으켜 미세먼지를 발생시키죠.

아직도 석탄화력발전소가 이렇게 많다고?

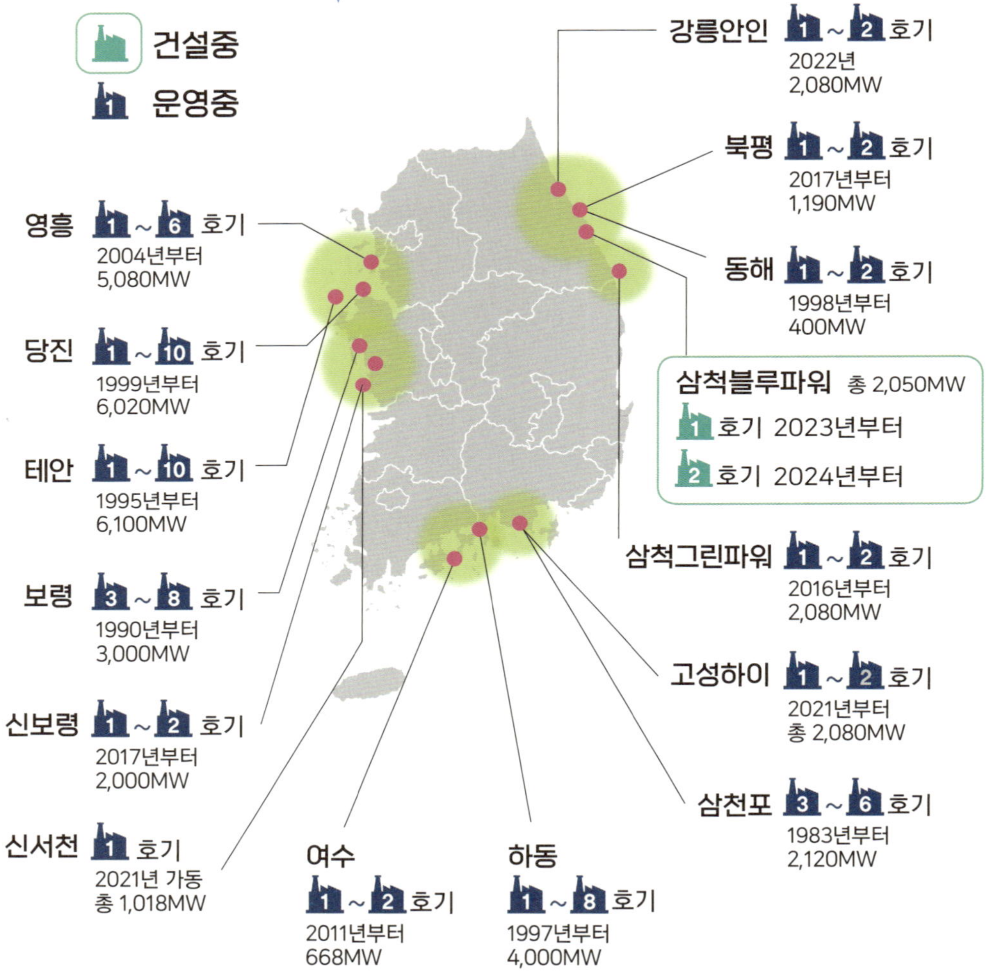

건설중
운영중

- **강릉안인** 1~2호기 / 2022년 / 2,080MW
- **북평** 1~2호기 / 2017년부터 / 1,190MW
- **동해** 1~2호기 / 1998년부터 / 400MW
- **삼척블루파워** 총 2,050MW
  - 1호기 2023년부터
  - 2호기 2024년부터
- **삼척그린파워** 1~2호기 / 2016년부터 / 2,080MW
- **고성하이** 1~2호기 / 2021년부터 / 총 2,080MW
- **삼천포** 3~6호기 / 1983년부터 / 2,120MW
- **영흥** 1~6호기 / 2004년부터 / 5,080MW
- **당진** 1~10호기 / 1999년부터 / 6,020MW
- **태안** 1~10호기 / 1995년부터 / 6,100MW
- **보령** 3~8호기 / 1990년부터 / 3,000MW
- **신보령** 1~2호기 / 2017년부터 / 2,000MW
- **신서천** 1호기 / 2021년 가동 / 총 1,018MW
- **여수** 1~2호기 / 2011년부터 / 668MW
- **하동** 1~8호기 / 1997년부터 / 4,000MW

대한민국 석탄화력발전소 현황(2024. 5월 기준)

질소산화물

이산화질소(NO_2)는 대기 중에서 일산화질소의 산화반응으로 발생하며, 이산화질소가 대기의 휘발성유기화합물과 반응하여 오존(O_3)을 만든다. 우리 인체가 고농도의 질소산화물에 노출되면 폐렴, 폐출혈, 만성기관지염 등이 나타날 수 있다. 또한, 일산화질소(NO)보다 이산화질소(NO_2)가 인체에 더 큰 악영향을 주는 것으로 알려져 있다.

황산화물

황산화물의 일종인 아황산가스(SO_2)는 황을 함유하는 석탄, 석유의 연소로 인해 배출된다. 고농도의 아황산가스에 노출되면 천식이 있는 사람에게 일시적 호흡장애를 일으킬 수 있고, 호흡계 질환 및 심장질환을 악화시킬 수 있다.

이런 이유로 2021년 10월, 대한민국은 2050년까지 모든 석탄발전소의 운영을 중단하기로 발표했어요. 조금 늦은 것 같지만, 탄소중립과 국민건강을 위해 현명한 선택이라 생각해요.

● 가스화력발전

가스화력발전소는 고온의 연소가스로 가스터빈을 돌려 전기를 생산해요. 온실가스 배출도 석탄화력발전소만큼 많아요. 하지만 석탄화력발전소와 달리 오염물질 배출은 매우 적어요.

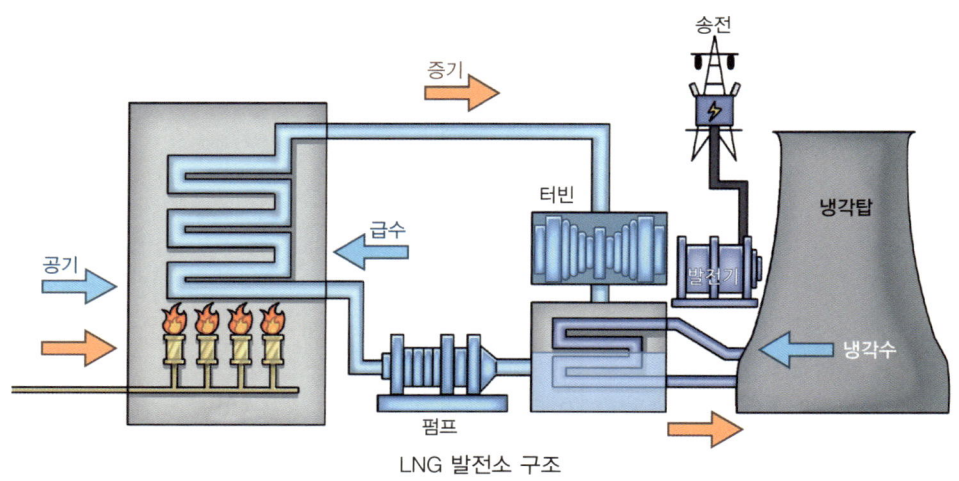

LNG 발전소 구조

최근에는 열병합발전소를 많이 지어요. 전기와 증기를 동시에 생산하기 때문에 에너지 효율이 높거든요. 열병합발전소는 가스로 가스터빈을 돌려 전기를 생산하고, 가스터빈에서 나온 열을 회수하여 증기를 만들어 열, 온수, 전기 등 다양한 형태의 에너지를 생산해요.

원자력발전, 위험하지 않나요?

최근 원자력 발전소에 대한 논란이 많아요. 최근에 원자력 발전소를 모두 없애기로 했지만, 다시 가동한다고 정책이 바뀌었어요.

대한민국 에너지믹스에서 원자력 발전소의 비중은 2019년 기준으로 25.9% 수준이에요. 우리나라는 원자력 발전소를 왜 많이 지었을까요?

여러 이유가 있겠지만, 저렴한 발전 비용 때문에 선택했을 것 같아요. 2020년 기준으로 kWh당 발전단가는 원전이 60.7원, 석탄은 91.2원, LNG는 114.6원, 태양광과 풍력 등이 120원 정도였거든요.

원자력발전이란, 핵분열 연쇄반응을 통해 에너지를 발생시켜 나온 수증기로 터빈발전기를 돌려 전기를 생산하는 발전방식이에요. 화력발전의 원리와 비슷하지만 이산화탄소를 거의 배출하지 않는다는 장점이 있어요.

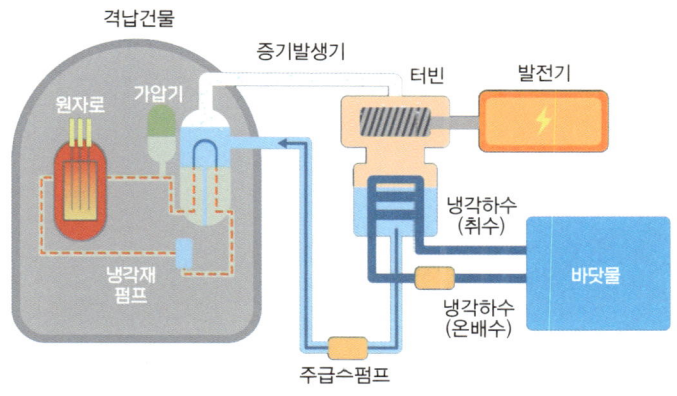

원자력발전의 구조

많은 사람이 원자력 발전소의 안정성을 걱정해요. 원전 사고 대부분은 원자로를 제어하지 못해 발생하기 때문이에요. 일본의 후쿠시마 원전도 처음에는 폭발하지 않았어요. 하지만 지진 해일이 덮쳐 지하에 있던 냉각기가 물에 잠기면서 멈추고 폭발했어요. 게다가 2023년 8월 23일부터 일본 후쿠시마에서 방사능오염수를 바다로 배출하는 바람에 많은 사람이 걱정하고 있어요.

원자력 발전소는 화석연료 발전소처럼 순간적으로 가동을 멈출 수 없어요. 전원을 차단해도 원자로에서 핵분열 반응이 계속 일어나기 때문이에요. 후쿠시마 원전 폭발이 2011년에 일어났고, 벌써 10년 넘게 흘렀지만 후쿠시마 원자력 발전소는 아직 멈추지 않았어요.

우리나라의 전력 생산 중 원자력발전 비중이 상당히 높아요. 원자력발전으로 생산하는 전력량이 미국, 프랑스, 러시아, 중국에 이어 5위 수준이거든요. 하지만 문제는 사고 위험성이에요. 원자력 발전소가 사고가 나면 엄청난 피해가 발생하잖아요. 게다가 원자력 발전소에서 나온 폐기물을 저장할 곳도 없어요.

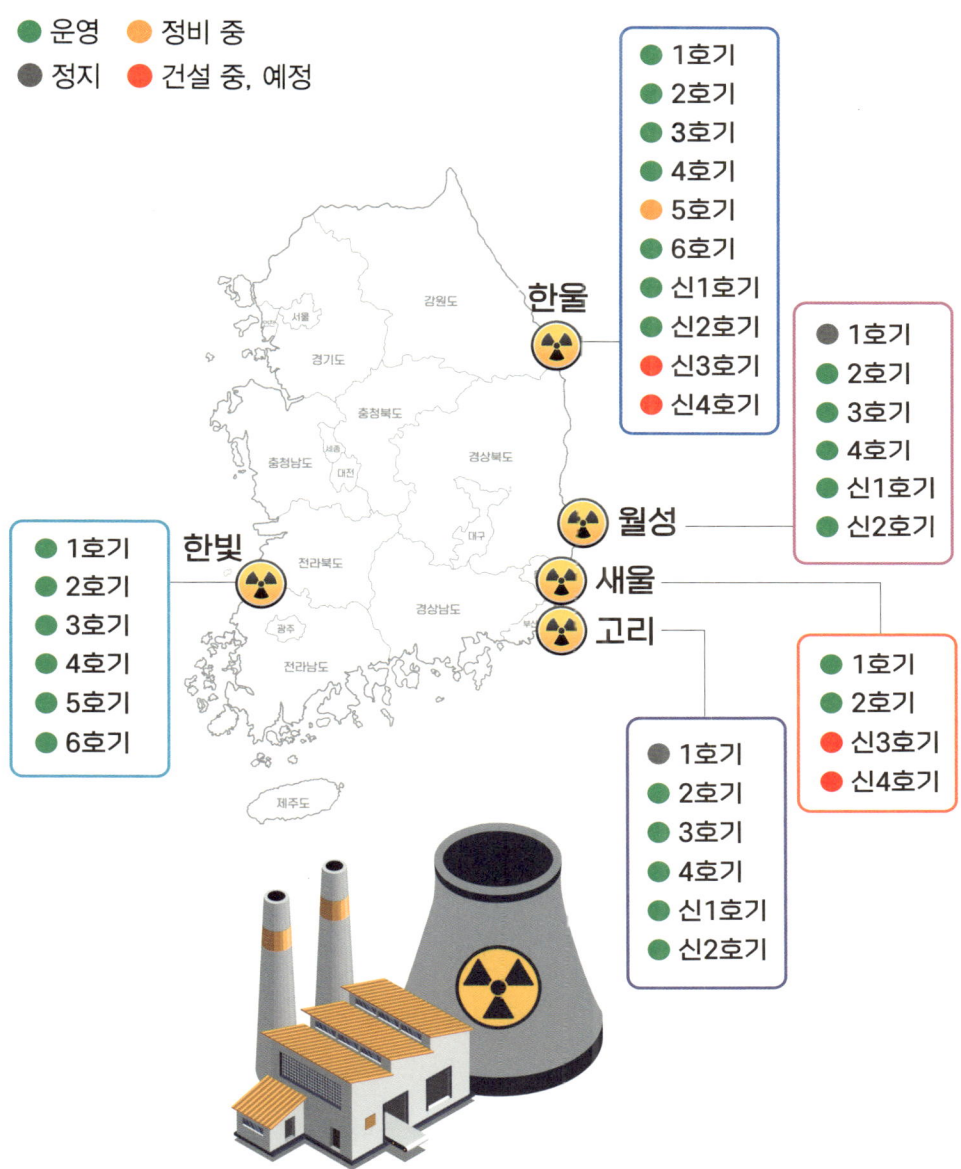

국내 원자력 발전소 운영 현황(한국수력원자력, 한국원자력산업협회 2023년 12월 기준)

신·재생에너지는 미래에너지

"여러분, 신·재생에너지에는 뭐가 있을까요?"
이렇게 물어보면 대부분 태양광발전과 풍력발전이라고 대답할 거예요. 틀린 대답은 아니에요. 우리도 처음에는 그렇게 말했어요.

신·재생에너지란, 단어 의미 그대로 신에너지와 재생에너지가 합친 말이에요.

신·재생에너지 = 신에너지 + 재생에너지

신에너지는 기존의 화석연료를 변환시켜서 이용하는 새로운 에너지원이고, 재생에너지는 햇빛, 물, 지열, 강수, 생물유기체 등의 재생 가능한 에너지를 변환시켜 이용하는 에너지원을 말해요.

신에너지에는 수소, 연료전지, 석탄 가스화·액화가 있고, 재생에너지에는 태양광, 태양열, 해양, 풍력, 수력, 바이오, 폐기물, 지열이 있어요. 이제 태양광발전과 풍력발전이라고 답하면 왜 틀렸는지 알겠죠?

예전에 비해 신·재생에너지 발전소가 많이 늘어났어요. 신·재생에너지는 온실가스 배출이 거의 없으므로 탄소중립을 달성하기 위해서는 꼭 필요하거든요. 하지만 예상만큼 빠르게 늘어나고 있지는 않아요. 신·재생에너지 발전소는 초기 투자 비용이 많이 들어가거든요.

신·재생에너지에 대해 간단히 살펴볼게요.

신에너지		
	수소 에너지	물, 유기물, 화석연료 등에서 수소를 분리한 후 연소시켜 에너지를 생산
	연료전지	수소와 산소의 반응으로 생기는 화학에너지를 이용해 열과 전기를 생산
	석탄 액화 가스화 에너지	석탄을 휘발유, 디젤 등의 연료로 액화 전환하거나, 고온·고압 장치에서 가스화하여 이것을 원료로 발전기를 돌려 전기 에너지를 생산

재생에너지		
	태양광 에너지	태양전지를 이용하여 태양 빛을 직접 전기 에너지로 변환시키는 발전방식
	태양열 에너지	태양에너지를 모아서 열로 변환하고 열기관에 의하여 전력으로 변환하는 발전방식
	풍력 에너지	바람으로 터빈을 돌려 전기를 생산
	수력 에너지	높은 곳에 있는 물의 낙차(落差)를 이용하여 발전기 터빈을 돌려 전기를 생산
	지열 에너지	지하에 있는 고온층으로부터 증기나 뜨거운 물 등을 이용해 발전기에 연결된 터빈을 돌려서 전기를 생산
	바이오 에너지	생물체를 열로 분해하거나 발효시켜서 얻는 연료로 에너지 생산 바이오매스(유기성 생물체를 총칭한다)에 포함된 성분이나 생물체의 배설물을 발효시켜서 다양한 바이오 에너지 연료 생산

재생에너지	
해양 에너지	바닷물을 이용하여 얻을 수 있는 에너지로 전기를 생산 • 조력발전 : 바닷물의 밀물과 썰물 때 해수면의 수위 차를 이용하는 발전방식 • 조류발전 : 해수의 흐름을 이용해 발전하는 방식 • 파력발전 : 파도의 상하 운동을 에너지 변환 장치를 통해 기계적인 회전운동 또는 축 방향 운동으로 변환시킨 후 전기 에너지로 변환시키는 방식 • 온도 차 발전 : 해면의 온수와 심해 냉수의 온도 차를 이용해서 발전하는 방식
폐기물 에너지	가연성 폐기물을 연료와 에너지로 사용하여 열과 전기를 생산

우리나라 탄소중립 계획을 보면 화석연료가 사라지고 신·재생에너지 사용이 엄청나게 늘어난다는 것을 알 수 있어요.

구분	A안	B안
배출량(백만톤CO_2eq)	-	20.7
전력 발전량(TWh)	1,257.7	1,208.8
원자력	76.9	86.9
석탄	-	-
LNG	-	61.0
재생에너지	889.8	736.0
연료전지	17.1	121.4
동북아그리드	-	33.1
무탄소 가스터빈	270.0	166.5
부생가스	3.9	3.9

2050년 대한민국 탄소중립 시나리오(탄소 배출량과 대한민국 에너지믹스)

신·재생에너지 발전량이 늘어나면, 혹시 전기요금이 오르지 않을까요?

맞아요. 최근에도 올랐지만, 신·재생에너지 생산이 늘어날수록 전기요금이 더 올라갈 거예요. 그래서 "전기요금이 더 올라간다면 어떨까?"라는 주제로 가족회의를 해봤어요.

엄마는 전기요금이 더 올랐으면 좋겠대요. 왜냐하면, 전기요금이 오를수록 사람들이 에어컨을 안 쓰고 선풍기를 많이 써서 탄소중립을 달성할 수 있기 때문이라고 했어요. 하지만 아빠는 정반대 의견을 내놓았어요. 전기요금이 내려가면 에어컨을 편하게 쓸 수 있어 좋다고 했어요. 그런데 아빠도 전력 사용량이 늘어나면 온실가스 배출량이 많아지는 것을 걱정했어요.

엄마와 아빠의 토론 배틀, 누가 이겼을까요?

가족회의를 하면서 느낀 게 있어요. 아빠처럼 많은 사람이 여름에 에어컨을 많이 틀어도 전기요금이 적게 나오기를 바랄 거예요. 그런데 이것은 어리석은 생각이에요. 당장 시원하게 지내면 너무 행복하겠지만, 먼 미래에는 이산화탄소 배출량이 많아져 지구환경이 파괴될 수 있거든요.

지금도 많은 나라에서 지구온난화 때문에 피해를 보고 있어요. 머지않은 미래에는 우리가 사는 곳도 생명에 지장이 있을 만큼 위협받을 수 있다는 사실에 깜짝 놀랐어요.

지금 당장 행복을 쫓아가지 말고 조금 더 먼 미래를 보며 살아가야 한다는 생각이 들었어요.

그래서 우리 집 가족회의 결과는 어떻게 되었냐고요?

엄마·아빠의 의견이 일치하지 않아 내가 마지막으로 결론을 내렸어요.

전기요금이 올라가면 사람들이 비싸다고 에어컨을 안 쓸 것 같아요. 그러면 탄소중립도 조금 더 쉽게 달성할 수 있잖아요. 왜냐고요? 우리 집 에어컨 사용 비용을 보면 이해할 수 있을 거예요.

우리 집도 2020년부터 에어컨 사용을 많이 줄였어요. 특히 2023년에는 정말 더운 날에만 에어컨을 틀었어요. 그래서 전기요금이 2만 원밖에 안 나왔어요. 에어컨은 꼭 필요할 때만 사용하고 너무 덥지 않을 때는 에어컨 사용을 줄이는 게 탄소중립에 많이 도움이 될 것 같아요. 인류의 미래가 우리 손에 달렸잖아요.

에너지를 저장하라!

우리가 매일 사용하는 전기는 치명적인 단점이 있어요. 저장하는 게 쉽지 않거든요.

배터리에 저장하면 된다고요?

네, 맞아요. 하지만 배터리 가격이 비싼 편이라 남은 전기 모두를 저장하기는 어려워요. 만약 집에서 사용하는 전력 일주일 치를 저장한다고 가정해보면, 배터리를 얼마만큼 준비해야 할까요?

우리나라의 가구당 월평균 전기 사용량은 약 230kWh(2020년 5~12월, 한국전력 통계)이므로 60kWh 정도의 배터리가 필요해요. 이 정도 양은 전기자동차에 들어가는 배터리 용량과 비슷하죠. 이렇게 수시로 충전할 수 있는 배터리를 2차 전지라고 하는데, 전기자동차 가격의 약 1/3 정도를 차지할 만큼 비싸요. 일주일 치 전기를 집에 저장하려면, 천만 원 이상 돈을 써야 한다니! 너무 비싸죠?

2차 전지란, 재충전이 가능한 전지를 말해요. 노트북, 스마트폰 등에 많이 쓰며, 전기자동차, 대용량 전기 저장장치(ESS) 등에도 사용해요. 2차 전지는 크게 NCM 삼원계 배터리(니켈-크롬-망간)와 LFP 배터리(리튬인산철) 2종류가 있어요.

NetZero GO! GO! GO! 배터리 종류

✅ NCM 삼원계 배터리
니켈, 코발트, 망간 등이 들어가며 최대 90%까지 충전할 수 있다. 가볍지만 폭발 위험성이 있다.

✅ LFP 배터리(리튬인산철)
니켈, 코발트 등 고가의 희소금속을 쓰지 않아 NCM 삼원계 배터리보다 약 20~30% 가격이 저렴하며, 폭발 위험성이 낮다는 장점이 있다. NCM 삼원계 배터리보다 훨씬 무겁지만, 100% 충전을 할 수 있다.

전기자동차로 유명한 테슬라에서 대용량 전기 저장장치(ESS)를 판매해요. 메가팩이라는 상품명으로 판매하는데 하나를 사려면 약 20억 정도가 들어가요.

테슬라 메가팩(3MW, 150만 달러)

배터리에 전기를 저장하는 것은 아직 많은 단점이 있어요. 그래서 에너지 저장에 대한 고민은 신에너지인 수소로 넘어갔어요. 수소는 액체로 만들 수 있어 저장과 운반이 편리하거든요.

수소는 에너지로써 장점이 매우 많아요. 발열량이 석유보다 3배 이상 효율이 높고, 연소 시 탄소 배출이 전혀 없어요. 수소는 수소연료전지자동차, 연료전지발전 등 원료로 사용하여 열과 전기를 만들 수 있어요.

수소는 만드는 방법은 여러 가지예요. 생산 방식에 따라 색깔을 넣어 구분해서 부르죠.

NetZero GO! GO! GO! 수소의 종류

✅ 그레이 수소

그레이 수소에는 2가지 종류가 있다. 천연가스를 수증기로 처리하여 만드는 개질수소와 석유화학 공정 중에 부수적으로 발생하는 부생수소이다. 이 2가지 종류의 수소는 화석연료를 사용하여 만들기 때문에 생산 고·정에서 많은 양의 이산화탄소가 발생한다.

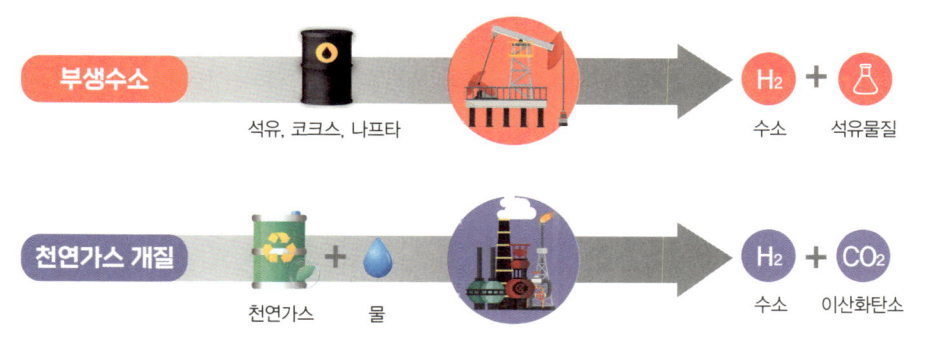

✓ 블루 수소
그레이 수소와 생산 방식이 같다. 하지만, 수소 생산 과정에서 발생하는 온실가스를 탄소포집 기술을 이용해 저장하여 이산화탄소를 90%까지 줄일 수 있다.

✓ 그린 수소
풍력, 태양광 등 재생에너지 전력을 사용해 수전해 시스템으로 수소를 생산하는 방식이다. 수소를 만들 때 탄소를 전혀 배출하지 않는다.

신·재생에너지가 더 필요해요!

지금 대한민국 도로에는 친환경차인 수소연료전지차가 달려요. 그런데 수소차에 들어가는 연료는 친환경이 아닌 그레이 수소를 넣어요. 그레이 수소는 만들 때, 온실가스 배출이 많잖아요. 모두 이런 사실을 알 텐데 왜 그레이 수소를 사용할까요?

여러 가지 이유가 있겠지만 신·재생에너지 생산량이 턱없이 부족하여 그린 수소를 만들 수 없어요.

2021년 전력 생산량을 보면 전체 에너지 중에서 신·재생에너지는 8.9%밖에 되지 않아요. 기업에서 쓸 전기도 부족한데 그린 수소를 만든다는 것은 상상할 수 없어요.

신·재생에너지가 필요한 곳은 아주 많아요. 전 세계 많은 기업이 신·재생에너지를 사용한 제품을 만들기로 약속했거든요.
혹시, 'RE100'을 들어봤나요?
RE100은 '재생에너지(Renewable Energy) 100%'의 약자로 기업에서 사용하는 전력의 100%를 2050년까지 풍력·태양광 등의 재생에너지 전력으로 충당하겠다는 목표의 국제 캠페인이에요.

RE100에 참여한 기업

RE100 캠페인은 2014년 영국 런던의 다국적 비영리 기구인 '더 클라이밋 그룹'에서 시작했어요. RE100은 정부 간의 규제가 아닌 세계적 기업의 자발적인 참여로 진행되었어요. 애플, 구글, BMW 등 주요 다국적 기업이 RE100(100% 재생에너지 사용)을 선언하고, 민간 주도의 탄소중립 정책을 활발하게 추진했어요.

이런 회사에 물건을 팔려면 신·재생에너지를 반드시 써야만 해요. 하지만 우리나라의 신·재생에너지 생산량은 전력을 많이 쓰는 5개 기업에서 필요한 전력 사용량보다 적어요. 지금 당장이라도 신·재생에너지 생산량이 늘어나지 않으면, 국내 기업은 세계 시장에서 살아남지 못할 거예요.

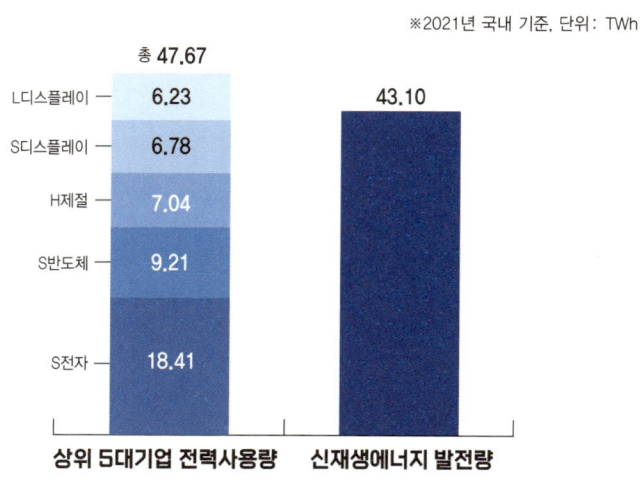

국내 기업의 에너지 사용량과 대한민국 신재생에너지 발전량

전 세계의 관심은 환경에 쏠려 있어요. 기업도 마찬가지이고요. 기업도 탄소 배출을 줄이지 못하면 수출도 힘들어져요.

수출할 때 온실가스 배출량이 많은 제품은 탄소국경세를 물어야 하거든요. 우리나라는 수출이 많아서 온실가스 배출량을 줄이지 못하면, 수출에 엄청난 타격을 받을 수 있어요. 그래서 신·재생에너지가 더 필요하죠.

에너지를 줄이면서 돈을 아끼는 방법

적은 노력으로 온실가스를 줄이는 방법은 꽤 많아요. 바로 전자제품을 지혜롭게 쓰는 방법이 있어요.

NetZero GO! GO! GO! 전기 사용을 줄이는 방법

✓ 전기밥솥 보온 기능 사용을 줄이면
가구당 1년에 56,547원 절약, 이산화탄소 141.9kg 감축

대부분 가정에서 밥이 떨어질 때까지 전기밥솥을 켜 둔다. 보온 기능을 사용하기 때문이다. 먹을 만큼 밥을 짓는 것이 가장 현명한 방법이지만, 밥이 남았을 때 용기에 담아 냉동실에 보관하는 것도 에너지를 줄이는 방법이다.

✅ 냉난방 적정 온도를 유지하면
가구당 1년에 40,923원 절약, 이산화탄소 166.8kg 감축

에어컨이나 난방기 온도를 적절하게 조절하는 것만으로도 에너지를 절약할 수 있다. 또한 겨울에 내복을 입는 것도 아주 좋은 방법이다. 에어컨 대신 선풍기를 트는 것도 에너지 절약에 도움이 된다.

✅ 대기전력을 차단하면
가구당 1년에 32,479원, 이산화탄소 81.5kg 감축

전기코드만 잘 뽑아도 한 달에 6~11% 전기요금을 줄일 수 있다. 누구나 알고 있지만, 제대로 실천하는 사람이 많지 않다.

✅ 냉장실 60%만 채우면
가구당 1년에 15,921원 절약, 이산화탄소 40.0kg 감축

냉장고를 지혜롭게 사용하는 것도 탄소중립과 에너지 절약에 도움이 된다. 냉장고는 24시간 켜져 있다. 냉장실은 60%만 채워야 냉기 순환이 잘 되기 때문에 에너지가 낭비되지 않는다. 반대로 냉동실을 꽉 채워야 냉기가 빠져나가지 않아 전기를 절약할 수 있다.

✅ 세탁기 사용 횟수 줄이면
가구당 1년에 1,971원 절약, 이산화탄소 4.9kg 감축

세탁하는 날을 정해 빨래를 모아 빨면 에너지를 절약할 수 있다.
간단한 빨래는 세탁기 대신 손으로 하는 것도 에너지를 줄이는 방법이다.

전기 사용량 줄이는 방법을 알게 된 후 우리 가족은 세탁하는 날을 정했어요.

월	화	수	목	금	토	일
양말	손빨래	기타 옷	×	×	검은색 옷 어두운색 옷	속옷/수건

또한 컴퓨터와 스마트폰 사용 시간도 줄이기로 약속했어요.

이런 방법 외에도 에너지 효율이 좋은 전자제품을 사는 게 좋아요. 전자제품은 한번 사면 오래 쓰잖아요. 조금 비싼 듯해도 사용하는 동안 나가는 전기요금을 생각해보세요. 5년 정도 사용하면, 1등급 제품이 5등급 제품보다 더 쌀 수도 있어요.

이런 얘기를 하다보니 집에 있는 가전제품의 에너지 효율이 궁금했어요. 조심스럽게 하나씩 살펴봤어요. 대부분 1등급이네요.

전자제품이나 난방기기는 1등급이 좋아요. 나중에 제품을 바꾼다 해도 1등급을 사자고 말할 것 같아요. 어른이 되어도 당연히 1등급을 살 거예요. 할머니가 되어도 1등급을 살 거예요. 우리 모든 국민이 다 같이 1등급을 산다면, 탄소중립도 더 빠르게 될 거잖아요.

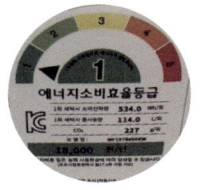

세탁기와 보일러

에어컨과 냉장고

신·재생에너지 발전을 늘리면, 지금보다 전기요금이 더 올라가지만 온실가스 배출을 줄일 수 있어요. 미래환경을 지키기 위해 전기요금을 올리는 것에 찬성하나요?

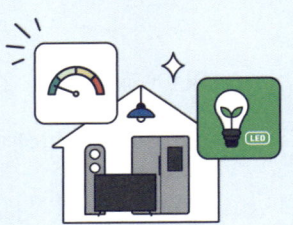

온실가스 감축 신·재생에너지는 화석 연료 사용을 줄이고 온실가스 배출을 감축하여 기후 변화에 대응하는 데 꼭 필요하다. 미래 세대를 위한 지속 가능한 환경을 조성하기 위해 신·재생에너지 발전량을 더 늘려야 한다.

에너지 자립 및 안보 강화 신·재생에너지는 고갈되지 않는 자연 연료이다. 신·재생에너지 발전 기술은 해외에서 화석연료(석유, 석탄)의 수입을 줄이고, 스스로 에너지를 생산할 수 있다.

미래 세대를 위한 책임 지구는 우리 것이 아니다. 깨끗하게 사용하고, 깨끗하게 물려줘야 한다. 신·재생에너지 발전이 미래환경 파괴를 막을 수 있다면, 반드시 사용해야 한다. 이것이 우리의 의무이자 책임이다.

에너지 공급 불안정 태양광, 풍력 등 일부 신재생에너지는 날씨에 영향을 받아 에너지 공급이 불안정할 수 있다. 블랙아웃(대규모 정전사태)이 일어나면, 경제피해가 심각해진다.

기존 발전 시설 폐쇄로 인한 손해 신·재생에너지 발전이 늘어나면, 기존 화력 발전소, 원자력 발전소 등을 폐쇄해야 하는데 이것은 국가적으로 엄청난 손실이다. 또한 많은 사람이 일자리를 잃을 수 있어 경제에 나쁜 영향을 미친다.

경제적 부담 증가 전기 요금 인상은 가정과 기업에게 경제적 부담을 증가시킨다. 물가 인상 폭보다 더 큰 전기요금 인상은 국민에게 고통이 될 뿐이다.

지구를 건강하게
탄소중립 7단어

07

일곱 번째 단어
쓰레기

일곱 번째 단어
쓰레기

쓰레기를 직접 정리하고 버려보면, 생각만큼 쉽지 않다는 것을 깨달아요. 어떤 것을 종량제 봉투에 넣어야 할지, 어떤 게 재활용 분리수거함에 들어갈지 알쏭달쏭하거든요. 하지만 쓰레기 분리수거는 정말 중요해요. 쓰레기를 잘 버리면 자원으로 다시 사용할 수 있지만, 잘못 버리면 불에 태우거나 땅에 묻어버리거든요.

쓰레기, 잘 버리는 게 더 중요하다.

쓰레기란, 못 쓰게 되어 내다 버릴 물건이나 내다 버린 물건을 통틀어 이르는 말이에요. 하지만 버릴 때 제대로 버리지 못하면 폐기물이 되고 말아요.

우리나라는 1990년대 후반부터 쓰레기 종량제와 재활용 분리수거를 시행했어요. 하지만 아직도 제대로 구분하지 못하고 버리는 사람이 많아요. 제대로 버리는 게 생각만큼 쉽지 않거든요. 그래서 어떤 쓰레기를 어떻게 버려야 하는지 먼저 살펴볼게요.

구분	배출 방법
일반 쓰레기	일반용(흰색) 또는 재사용(청록색) 종량제 봉투에 담아 배출
음식물 쓰레기	음식물 쓰레기 전용 봉투(노란색)에 담아 배출 ※ 단, 음식물류 폐기물 개별계량기기(RFID)를 사용하는 공동주택은 종량제 봉투 없이 RFID에 계량 배출 후 수수료 납부(관리사무소 문의)
재활용품	품목별로 분리하여 투명 비닐봉지에 담아 배출
대형 폐기물	대형 폐기물 수집·운반·처리 수수료를 낸 후 배출
대형폐가전 제품	폐가전제품 무상 방문 수거 신청(☎1599-0903)
공사장 생활폐기물 (5톤 미만)	- 도자기, 깨진 유리, 타일 등은 불연성폐기물 봉투에 담아 배출 - 건설폐기물 : 폐목재, 폐콘크리트, 폐금속류 등 - 다량일 때 공사장 생활폐기물 처리업체에 처리 의뢰
연탄재	투명 비닐봉지에 담아 배출

여러 종류의 쓰레기가 있지만, 음식물 쓰레기와 재활용품 버리는 게 가장 어려워요.

쓰레기를 왜 잘 버려야 할까요?

재활용할 수 있다고요?

네. 맞아요. 이제부터 어떤 쓰레기가 어떻게 변하는지 하나씩 살펴볼게요. 쓰레기의 마법을 직접 눈으로 보면서 느껴보세요.

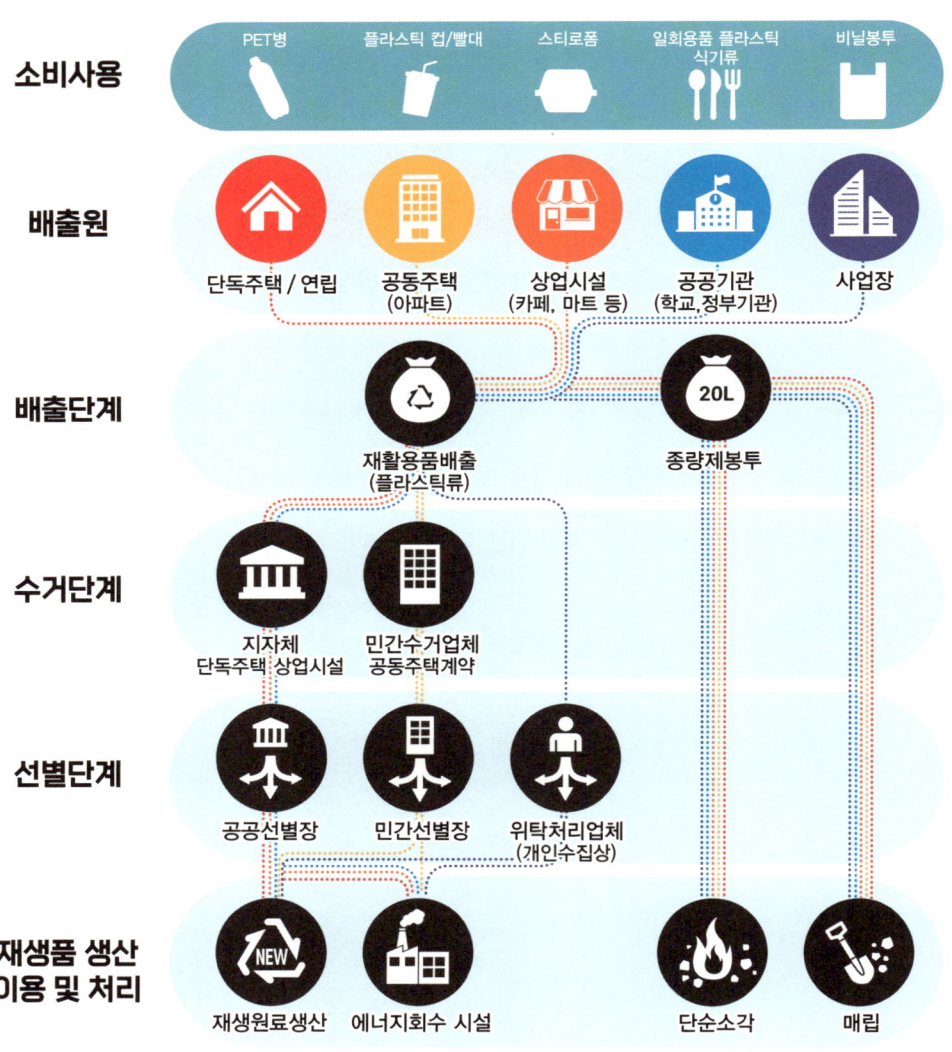

쓰레기 처리 과정

음식물 쓰레기가 자원?

음식물 쓰레기가 전 세계 온실가스 배출량의 8~10%를 차지해요. 특히 우리나라는 다른 나라에 비해 음식물 쓰레기가 많아요. 국내 음식물 쓰레기의 70%가 가정과 소형 음식점에서 배출되며, 절반 이상은 유통 및 조리 과정에서 발생했어요. 어떤 조사에 따르면, 전체 음식물의 약 1/7이 버려졌고 연간 약 20조 원 이상 낭비된다고 해요. 정말 놀랍죠?

4인 가족 기준 724Kg

서울-부산 왕복 48회
(3,829km)

소나무 149그루
연간 흡수량

전 국민 기준 885만 톤

승용차 234만 대
(전체 승용차의 18%)

소나무 18억 그루
(전 국토 면적의 11.5%)

음식물 낭비로 인한 연간 온실가스 배출량

음식물 쓰레기를 줄이면 온실가스 배출량을 줄일 수 있어요. 또한, 음식물 쓰레기를 잘 버리면 자원으로 활용할 수 있어요. 비료, 동물 사료, 에너지 등 활용할 수 있는 곳이 꽤 많아요.

바이오가스를 만드는 시설에서는 음식물 쓰레기, 가축 분뇨, 하수 찌꺼기 같은 썩는 폐기물을 모아서 바이오가스를 생산해요. 바이오가스가 열과 전기를 만들 수 있는 에너지로 바뀌는 거죠.

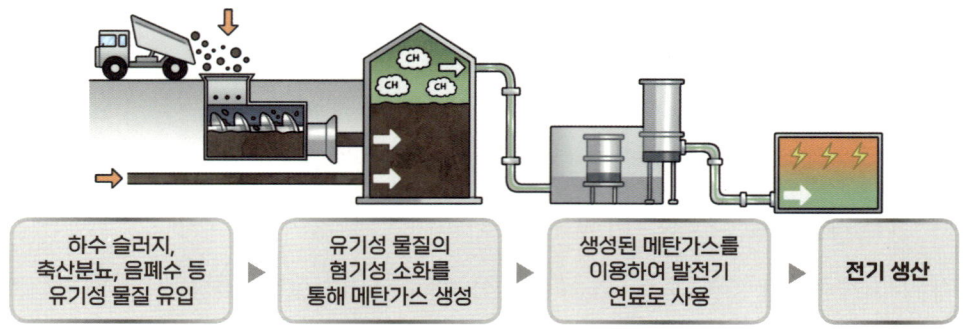

바이오가스 생산 및 활용

음식물 쓰레기를 버릴 때 주의해야 할 사항이 몇 가지 있어요. 음식물 쓰레기 같지만, 음식물 쓰레기가 아닌 게 몇 가지 있거든요.

📢 음식물 쓰레기를 처리할 때 주의할 점

1. 음식물 쓰레기가 아닌 것
음식물 쓰레기는 주로 동물의 사료로 재활용하기 때문에 소, 닭, 돼지 같은 동물이 먹을 수 없는 것은 일반쓰레기로 배출해야 한다.

2. 영양과 수분이 없는 것
꽃, 양파·옥수수 껍질, 파·마늘·미나리 뿌리, 커피·녹차·한약 찌꺼기, 일회용 티백 등 (사과 껍질과 같은 연한 과일 껍질은 영양이 풍부해 음식물 쓰레기로 배출해도 된다.)

3. 딱딱하거나 뾰족하여 목에 걸릴 위험이 있는 것
호두, 은행 등 딱딱한 견과류 껍데기, 파인애플 껍데기, 달걀 껍데기, 갑각류와 어패류 등의 껍데기, 뼈다귀, 생선 가시

4. 염분이 많은 장류 된장, 고추장 등

5. 포화지방산이 많아 섭취 시 비만을 일으킬 수 있는 것 동물 내장, 비계

6. 독성이 있는 것
핵과류 복숭아·자두·체리·살구의 씨, 복어 내장 등(수박씨나 참외씨처럼 연한 과일 씨는 음식물 쓰레기로 배출해도 된다.)

음식물 쓰레기 배출 방법

재활용품을 잘 버리면

재활용할 수 있는 품목은 다양해요. 플라스틱, 유리, 금속 등 아주 많거든요. 재활용품 중에서 가장 많이 나오는 것은 플라스틱에서 나오는 쓰레기예요. 그래서 제대로 버리지 않으면 자원이 낭비되고 환경도 나빠져요. 오염된 플라스틱 쓰레기는 재활용이 힘들며, 음식물에 오염된 플라스틱은 재활용할 수 없거든요.

재활용 쓰레기를 조사해본 결과, 전체 쓰레기 중에서 오염된 플라스틱

쓰레기가 40% 정도를 차지했어요. 재활용률을 더 올리려면 재활용 쓰레기 분리 방법을 제대로 알고 제대로 실천해야 할 것 같아요.

재활용이 가능한 제품은 분리배출에 대한 정보가 표시되어 있어요. 제품의 정면이나 측면, 바코드 위·아래를 살펴보면 찾을 수 있어요.

분리배출 표시를 의무적으로 해야 하는 품목	
포장 대상 품목	음식료품류, 농·수·축산물류, 세제류, 의약품류, 화장품류 등의 용기
포장재	종이 팩, 유리병, 금속 캔, 합성수지 포장재(용기류, 받침 접시류) 등

상자류	기타 종이류	종이팩	투명 페트병	플라스틱	유리	비닐류	캔류
깨끗이 접어서	이물질 없애서	깨끗이 접어서	라벨을 떼서	깨끗이 씻어서	내용물 비워서	깨끗이 씻어서	내용물 비워서

분리배출 표시

생수를 먹을 때마다 페트병이 나와요. 페트병을 버릴 때는 라벨을 벗기고 페트병만 분리해서 버려야 해요. 이렇게 분리해서 버리면 자원으로 재생할 수 있어요. 어떤 원료로 바뀌냐고요? 옷이에요. 페트병에서 폴리에스터를 뽑아내 다양한 원료로 재활용할 수 있거든요.

페트는 가공 방법에 따라 페트병, 폴리에스터 필름, 폴리에스터 섬유 등 다양한 제품을 만들 수 있어요.

페트병이 옷이 되는 과정

페트병을 수거한다

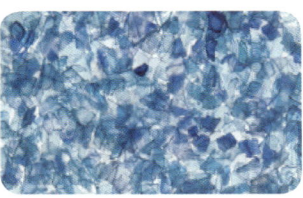
페트병을 세척하고 조각낸다

페트병을 녹여 작은 알갱이로 만든다

작은 알갱이를 녹여 실을 뽑아낸다

직물을 만든다

수거된 페트병을 살펴보면 이물질이 많이 들어있어요. 페트병의 35%는 이물질이 많아 재활용할 수 없어요.

수거된 전체 페트병의 45% 정도만 재생 원료로 사용해요. 재생된 PET 원료는 달걀 상자, 플라스틱 상자를 만드는 데 쓰이고, 품질이 좋은 재생 원료는 운동복, 운동화, 등산복 등 기능성 섬유로 다양하게 활용할 수 있어요.

종이도 소중한 자원이에요.

> **📢 종이류 배출 방법**
> 신문지: 물기에 젖지 않게 보관하고, 펼친 상태로 차곡차곡 쌓아 끈으로 묶어서 배출
> 책자, 노트: 스프링, 코팅 표지 등 종이류와 다른 재질은 제거한 후 배출
> 상자류: 상자에 붙은 스티커를 떼고 얇게 펼친 후 묶어서 배출

종이 중에서도 감열지(영수증), 금·은박지, 다른 재질이 섞인 벽지, 부직포, 플라스틱 합성지는 재활용이 안 돼요. 반드시 쓰레기 종량제 봉투에 넣어 배출해야 하죠. 특히, 종이 팩과 종이컵은 종이 팩 전용함에 버려야 해요.

종이류로 배출하면 안되는 품목

종이 재활용은 탄소중립에 도움이 많이 돼요. 새 종이를 만들기 위해 목재뿐 아니라 에너지가 필요하잖아요. 나무를 베면 이산화탄소 흡수원이 사라지고, 생산 과정에서도 이산화탄소가 발생해요.

재생 종이란, 폐지가 40% 넘게 들어간 종이를 말해요. 2018년 기준으

로 1년에 종이는 991만 톤 정도 생산했어요. 특히, 우리가 많이 사용하는 복사 용지는 하루 사용량이 5만 4천 상자 정도라고 해요. 1년을 계산해 보면, 나무 7백만 그루가 사라지는 셈이에요. 10%만 재생 복사지로 바꿔도 매년 27만 그루의 나무를 살리고, 에너지를 절약할 수 있어요.

	재생 종이 사용에 따른 환경보호 효과		
	천연 펄프 1톤을 만들 때	재생 종이 1톤을 만들 때	감소량
나무	24그루	14그루	40%
에너지	9,671kWh	8,206kWh	15%
이산화탄소	2,541kg	2,166kg	15%
물	86,503L	69,519L	20%
폐기물	872kg	735kg	16%

종이 중에서 우유 팩은 활용도가 아주 높아요. 종이 팩은 화장지, 미용 티슈로 만들 수 있거든요. 그런데 우리나라에서 배출되는 연간 7만 톤의 종이 팩 중 30%만 재활용되고 있어요. 종이 팩의 수거가 제대로 안 된다는 뜻이에요.

📢 종이 팩 배출 방법

1. 빨대, 비닐 등 종이 팩과 다른 재질을 제거한다.
2. 물로 안을 헹궈 깨끗이 말린 후 완전히 펼친다.
3. 일반 종이류와 섞이지 않게 종이 팩 전용 수거함에 버린다.
   (종이 팩 전용 수거함이 없을 때, 종이류와 구분하기 쉽게 끈으로 묶어서 배출한다.)

종이 팩의 재활용

❶ 선별
이물질 제거와 수집 원료로 쓰기 곤란한 원료 골라내기

❷ 고해
펄프와 비닐을 부드럽게 해리시켜 분리

❸ 약품 처리
약품을 투입하여 우유팩 인쇄잉크 및 불순물을 제거

❹ 정선
미해리 원료를 세밀하게 해리시킴과 동시에 미세하게 절단하고 해리되지 않은 섬유는 제거

❺ 초지
펄프화된 화장지 원료를 물에서 건져내 원지판에 묻혀 초지 완성 (화장지의 원단)

❻ 화장지 완성
화장지 가공업체에서 무늬와 엠보싱 처리 후 판매용 화장지로 포장

우리나라 종이팩 재활용률은 30% 미만으로 100% 재활용 시 140만 그루의 나무를 아끼고, 105억 원의 경제적 효과를 창출할 수 있습니다.

전자제품과 대형폐기물 속에 금이 있다?

요즘은 누구나 스마트폰을 들고 다녀요. 게다가 컴퓨터는 필수가 되었어요. 예전보다 전자제품 사용이 많이 늘어났고, 버리는 전자제품도 많아졌어요.

전 세계적으로 발생한 전기·전자폐기물 양은 2019년에 5,360만 톤이며, 2030년에는 7,500만 톤 정도 될 것으로 예측했어요. 전 세계 인구 1인당 9kg 정도를 버리는 셈이죠.

전자제품은 다른 물건에 비해 크고 무거워 버릴 때 상당히 애를 먹어요. 하지만 요령만 알면 쉽게 버릴 수 있고, 자원 재활용도 할 수 있어요.

📢 전자폐기물 버리는 방법

1. 새 제품을 살 때, 버리는 같은 종류의 제품을 공짜로 수거해 간다.
2. 외관이 멀쩡한 전자제품은 한국전자제품 자원순환공제조합 홈페이지나 전화로 신청하면 무료로 수거해준다.
   냉장고, 세탁기처럼 큰 제품은 1개라도 신청할 수 있다. 휴대전화, 선풍기, 다리미, 노트북, 프린터 같은 작은 제품은 5개 이상 될 때, 방문 수거를 신청하면 무료로 수거해준다.
   [홈페이지 https://www.15990903.or.kr 전화번호: 1599-0903]
3. 대형폐기물 배출 신고를 한 뒤 수수료를 납부하고 집 앞에 내놓는다.

전자제품 속에는 금, 은, 팔라듐과 같은 희귀자원이 들어 있어요. 폐기 전자제품 속에서 이런 자원을 채취할 수 있어요. 요즘에는 전자제품 속에서 자원을 전문적으로 채취하는 곳도 있어요.

이런 일을 도시에서 하다 보니 '도시광산'이라고 부르죠. 도시광산은 광물자원을 캐는 일반 광산과 달리 폐가전제품에서 자원을 얻는다고 해서 생긴 용어예요.

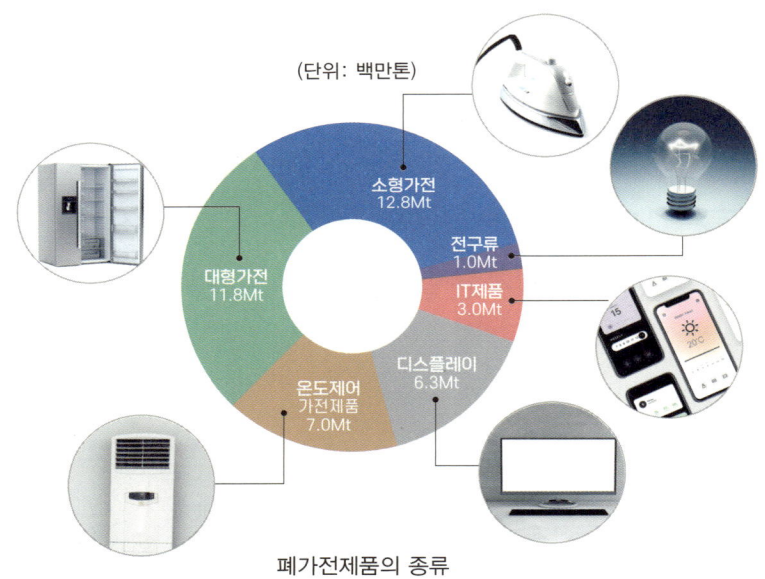

폐가전제품의 종류

광물을 채굴할 때 오염물질이 배출되고 산림이 파괴되잖아요. 도시광산은 친환경적인 방법으로 자원을 얻는 방법이에요. 도시광산은 장점이 꽤 많아요. 세계 자원 매장량의 20%를 아낄 수 있어 약 50조가량의 경제적 가치를 갖고 있어요.

폐가전제품에서 채취할 수 있는 귀금속량

휴대전화 100만 대당 금 24kg, 구리 1만 6,000kg, 은 350kg, 팔라듐 14kg이 포함되어 있어요. 또한 1톤의 전자제품을 재활용할 때, 2톤의 이산화탄소 배출을 막을 수 있어요. 자연에서 채굴할 때보다 탄소 배출량을 효과적으로 줄일 수 있죠.

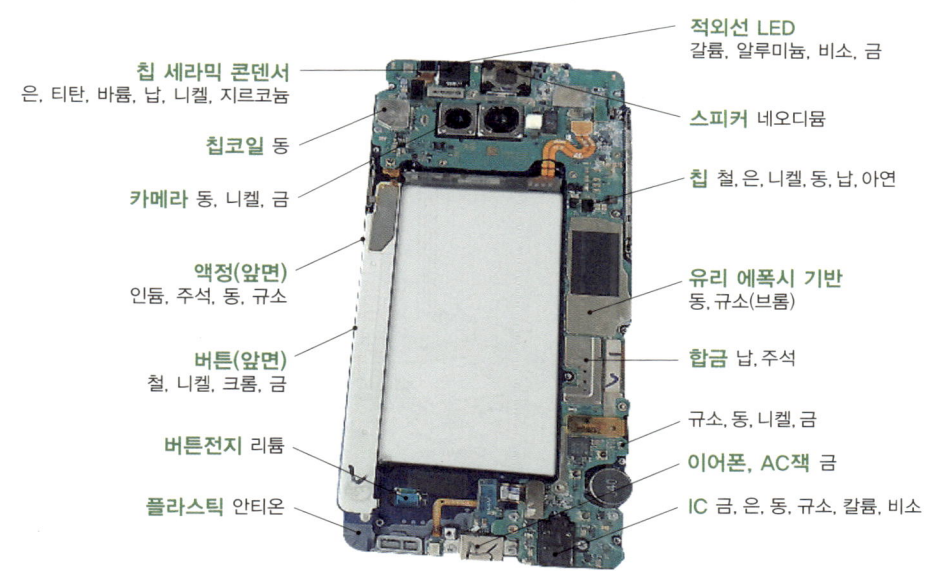

스마트폰에서 채취할 수 있는 다양한 귀금속

일반쓰레기에서 열과 전기를

재활용할 수 없는 쓰레기는 모두 종량제 봉투에 담아 버려요. 이런 쓰레기는 에너지 회수시설로 보내죠. 하지만 100% 모두 에너지 회수시설에서 처리하는 것은 아니에요. 여기서 처리하지 못하는 쓰레기는 땅에 묻거나 불에 태워서 처리하거든요.

플라스틱은 불에 타기 때문에 연료로 사용할 수 있어요. 하지만 불에 탈 때 유독물질과 이산화탄소가 배출돼요. 그래서 안전하게 태울 수 있는 시설이 꼭 있어야 해요.

소각장은 단순히 쓰레기를 태우는 시설이지만, 자원회수시설은 생활폐기물을 위생적으로 소각·처리하고 소각열을 회수하여 열과 전기를 만드는 곳이에요.

에너지회수시설

자원회수시설에서는 쓰레기 반입, 쓰레기 소각, 열 공급, 대기오염 방지(오염물질 제거시설) 등 여러 공정을 거쳐 법정 기준보다 훨씬 낮은 농도의 가스를 배출해요. 환경부의 굴뚝 자동측정시스템(Clean SYS)은 배출가스의 오염 상태를 24시간 감시하죠. 굴뚝에 설치된 측정기는 먼지, 황산화물(SO_2), 염화수소(HCl), 질소산화물(NOX), 일산화탄소(CO), 산소(O_2), 유량, 온도 등의 자료 항목을 측정해요.

땅에 묻는 매립도 에너지를 얻을 수 있어요. 하지만 단순히 땅에 묻지는 않아요. 쓰레기를 땅에 묻으면 악취가 발생하고, 비가 내리면 오염물질이 흘러나올 수 있거든요. 그래서 매립장에 물이 흘러나오지 않도록 안전시설을 설치하고, 매립가스를 뽑아내는 시설도 갖춰요. 매립장에서 뽑은 매립가스는 훌륭한 자원으로 변신해요. 열과 전기를 생산하는 연료로 사용할 수 있거든요.

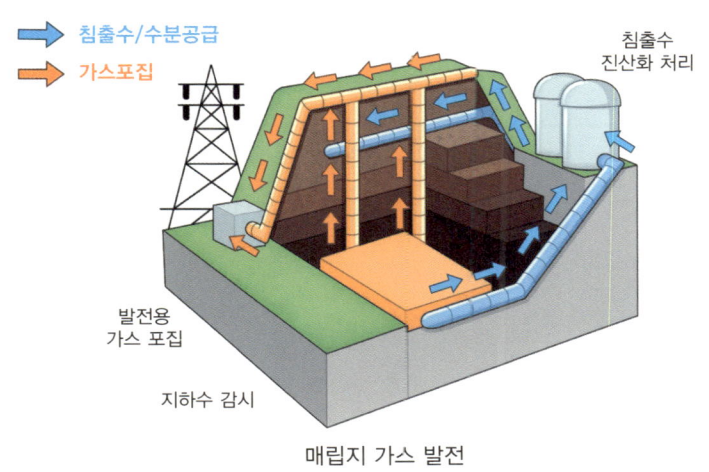

매립지 가스 발전

쓰레기를 왜 그냥 버리면 안 되는지, 왜 분리수거 해야 하는지 이제 알겠죠?

이런 말을 하고 보니, 우리 집에서는 분리수거를 잘하는지, 재활용 쓰레기가 얼마나 나오는지 궁금했어요. 우리 집 분리수거를 점검해보았어요. 분리수거는 탄소중립의 기본 중 기본이잖아요. 5일간의 조사였지만, 느낀 점이 참 많았어요. 여러분도 한번 해보면 분리수거에 대해 다시 생각할 기회가 될 거예요.

예상보다 쓰레기양이 많아 깜짝 놀랐어요. 정리한 표를 보니, 우리 집도 비닐과 플라스틱을 줄여야 한다는 생각이 들었어요.

쓰레기	1일 차	2일 차	3일 차	4일 차	5일 차
페트병	12개	10개	9개	11개	10개
비닐	13개	15개	10개	13개	9개
종이	7개	9개	10개	12개	11개
캔	2개	3개	1개	2개	3개
플라스틱	15개	14개	13개	12개	10개

5일 동안 나온 재활용 쓰레기

정리한 표를 엄마 아빠에게 보여주고 가족회의를 열었어요. 모두 비닐, 플라스틱 사용을 줄이자는데 동의했어요.

재활용 분리수거를 하다가 용돈도 조금 생겼어요. 빈 병을 마트에 갖다 주고 빈 병 보증금을 돌려받았거든요.

건강한 지구를 만드는 비법, 탄소중립

쓰레기는 잘 버리면 자원이 될 수 있어요. 하지만 아직도 땅에 묻거나 불에 태워 처리하는 쓰레기양이 꽤 많아요. 사실, 이런 방법은 얻는 것보다 잃는 게 더 많아요. 불에 태우면 온실가스가 발생하고, 땅에 묻으면 오염 물질이 땅속에 스며들어 생태계에 영향을 미칠 수 있거든요. 그래서 자원의 재활용이 중요해요.

자원을 재활용하기 위해 우리 모두 '자원 순환 운동 - 3R' 캠페인을 펼쳐보는 것은 어떨까요?

3R 운동은 쓰레기를 줄이고(Reduce), 버리는 물건을 재사용하고(Reuse), 적극적으로 재활용(Recycling)을 실천하여 자원 순환에 앞장서자는 환경운동이에요.

🚩 자원 순환 운동 - 3R

1. Reduce 절약
일회용품 사용 줄이기: 일회용 컵 대신 텀블러를 사용하거나, 비닐봉지 대신 장바구니를 들고 다니는 방법 등이 있다.

2. Reuse 재사용
중고 물품 거래: 버리기에는 아깝고 필요한 사람이 있을 것 같은 물건을 다른 사람과 나눠 쓰는 방법이 있다. 중고 물품 거래를 통해 필요한 사람이 재사용할 수 있다.

빈 용기 보증금제도: 용기의 재사용을 촉진하기 위하여 제품 가격과는 별도로 보증금을 추가하여 판매한 후 소비자가 빈 용기를 반환하는 시점에 보증금을 돌려주는 제도이다.

3. Recycling 재활용
새 활용(업사이클링): 새 활용 제품을 사용하는 것도 재활용의 한 방법이다.

분리배출 표시제도: 재활용 의무 대상 포장재를 쉽게 확인하고, 편리하게 분리배출할 수 있게 시행하는 제도이다.

탄소중립을 공부하면서 이런 생각을 많이 했어요.

'지구를 살리는 방법이 이렇게 많은데 우리는 대체 왜 안 하는 걸까?'

'단지 귀찮아서?'

'아니면 몰라서?'

'이제 알았으니, 다시 지구를 건강하고 아름답게 만들 수 있을까?'

하지만 도시광산을 보면서 생각이 조금 달라졌어요. 깨달음을 얻었다고나 할까요?

'고민하기 전에 실천을 먼저 하자!'

진짜 깨달음을 얻은 것 맞죠? 여러분, 실천이 최고의 방법이에요. 그러면 우리는 지구에서 평생 살 수 있을 것이고, 건강한 지구를 만들어 더 행복하게 지낼 수 있어요.

쓰레기도 자원이다.
하지만 쓰레기 발생량이 너무 많아 처리가 곤란하다.
쓰레기를 줄이기 위해 자원재활용하는 것과
쓰레기를 태워 에너지를 얻는 방법 중 어떤 것이
탄소중립을 위해 더 바람직할까?

자원 절약 재활용은 폐기물을 새로운 자원으로 활용하고 천연 자원의 채취를 줄여 불필요한 환경 파괴를 막을 수 있다.

에너지 절약 재활용은 제품 생산에 필요한 에너지 소비를 줄여 탄소 배출량을 줄일 수 있다.

자원 보존과 환경 보호 재활용은 지속가능한 사회로 가기 위한 중요한 전략이다. 자원 보존과 환경 보호를 동시에 달성할 수 있다. 또한 쓰레기를 태우면 온실가스와 유해물질이 배출되기 때문에 깨끗한 환경을 만들기 위해 꼭 필요하다.

쓰레기 태워서 에너지 생산

에너지 확보 소각은 폐기물을 에너지원으로 활용하여 화석 연료 사용을 줄이고 에너지 자립도를 높일 수 있다.

처리 용량 소각은 재활용보다 많은 양을 처리할 수 있다. 또한 재활용 처리에 비해 시간과 비용을 아낄 수 있다. 재활용품을 분류하는 게 쉽지 않다. 또한 분류한 재활용품을 원료로 만들 때도 많은 시간과 비용이 들어간다. 재활용품을 수거, 분류, 보관할 때도 넓은 공간이 필요하다. 모든 면에서 효율성이 떨어진다.

에필로그

2023년 4월

탄소중립, 이상기후, 지구온난화…….
모두 낯선 단어에 조금 놀랐다. 시작은 쉽지 않았다.

2023년 6월

조금 무더웠지만, 에너지를 아끼기 위해 에어컨을 껐다.
창밖에서 선선한 바람이 불었다. 역시 노력하면, 하늘도 돕는다.

2023년 7월

"2050년, 우리나라는 탄소중립을 달성할 수 있을까?"에 대해 토론했다.
탄소중립을 달성할 수 있다는 의견이 훨씬 더 많았다. 모두의 마음속에 기대와 희망이 담겨 있다.

열심히 노력하고 실천하고 있으니, 2050년 대한민국의 하늘은 맑고 푸를 것 같다.